本书得到国家自然科学基金面上项目（71572023、71702019）、国家社会科学基金青年项目（16CGL016）、国家欧盟H2020-MSCA-RISE项目（AMD-No.777742-56）、山东省自然科学基金面上项目（ZR2018MG001）资助

多模式甩挂运输牵引车调度优化研究

杨珍花 ◎ 著

RESEARCH ON SCHEDULING OPTIMIZATION OF THE TRACTORS IN THE TRACTOR-AND-SEMITRAILER TRANSPORTATION UNDER MULTIPLE MODES

经济管理出版社
ECONOMY & MANAGEMENT PUBLISHING HOUSE

图书在版编目（CIP）数据

多模式甩挂运输牵引车调度优化研究/杨珍花著．—北京：经济管理出版社，2019.7
ISBN 978－7－5096－6737－8

Ⅰ.①多…　Ⅱ.①杨…　Ⅲ.①公路运输—拖挂运输—运输调度—优化模型—研究　Ⅳ.①U492.3

中国版本图书馆 CIP 数据核字(2019)第 143319 号

组稿编辑：杜　菲
责任编辑：杜　菲
责任印制：黄章平
责任校对：赵天宇

出版发行：经济管理出版社
（北京市海淀区北蜂窝 8 号中雅大厦 A 座 11 层　100038）
网　　址：www.E－mp.com.cn
电　　话：（010）51915602
印　　刷：三河市延风印装有限公司
经　　销：新华书店
开　　本：720mm×1000mm/16
印　　张：10
字　　数：136 千字
版　　次：2019 年 7 月第 1 版　　2019 年 7 月第 1 次印刷
书　　号：ISBN 978－7－5096－6737－8
定　　价：78.00 元

前　言

甩挂运输是指牵引车按照预先制定的运行计划，在货物装卸作业点甩下所拖的挂车，换上其他挂车继续运行的运输组织方式。该方式将传统运输过程中的运输与装卸串行作业改变为运输与装卸并行作业，能极大地提高系统内货物的流动效率。自2009年国家发改委、海关总署、公安部、交通部及保监会联合出台《关于促进甩挂运输发展的通知》以来，关于甩挂运输的试点项目、推荐车型、资金补贴等方面的文件纷纷出台，为开展甩挂运输的地区和企业提供了政策与经济上的指导与扶持，使甩挂运输在交通领域获得了足够的重视，并达到了较为成熟的状态。但近年来甩挂运输的发展速度放缓、发展思路比较局限，以“一线两点，两端甩挂”的干线长距离运输模式为主，调度方案的弹性优化空间小。为适应市场的发展趋势以及企业的发展需求，寻找更加灵活的模式来探寻更大的优化空间，我们编写了本书。

甩挂运输的模式是指牵引车和挂车的运输组织方式，具体包括二者匹配或分离的限制和空间，以及二者可通行的路径要求等。笔者在进行充分考察后，根据甩挂企业管理人员和一线操作人员所提出的当前甩挂运输存在的问题及对未来发展趋势的预测，依次提出了滚装甩挂模式、空挂任务不确定模式、多车型交叉甩挂模式和中途甩挂模式。滚装甩挂模式针对滚装码头节点内部牵引车调度展开研究，空挂任务不确定模式关注于经常被忽视的任务起终点在匹配方面的灵活性可为整体调度方案带来的优化空间，多车型交叉甩挂模式提出多种车型的牵引车与挂车可任意匹配的假设，中途甩挂模式则打破行业陈规，探讨挂车任务在中途被临时甩下带来的益处。

本书是在笔者硕博连读的研究基础上对相关成果的总结，四种模式在空间分布上遵循由点及网的推进关系，基于鲁辽滚装甩挂“哑铃型”网络的东北部分，着眼于滚装码头这一重要节点的牵引车调度问题，而后铺陈至更大范围的甩挂运网，展开其他三种模式的研究，其核心特色可归结为以下两点：

第一，前沿性。内容密切结合产业实际，进行创新性研究。本书所提出的甩挂运输四种模式均立足于企业发展需求，符合整个行业的发展趋势。滚装甩挂模式与空挂任务不确定模式下的研究弥补了理论研究与实际运营的不平衡之处；多车型交叉甩挂模式下的研究弥补了实际运营与企业诉求的不平衡之处；中途甩挂模式下的研究则弥补了实际运营与潜在优化空间之间的不平衡之处。

第二，集成性。牵引车的调度优化是一种典型的离散优化问题，涉及数学建模、约束处理、算法设计和程序设计等众多环节。本书的每种模式都关注于一定范围内的系统整体，对问题特点进行剖析，构建表达问题特点和限制的数学模型，进而设计有效算法并利用程序语言进行编译，集成地解决每一种模式下的牵引车调度优化问题。同时，本书又纵向地将各模式进行集成，不同模式之间一定程度地体现出复杂性和技术性的递进。

在本书完成过程中，得到了许多师长和同仁的帮助，特别感谢靳志宏教授，感谢李娜老师、郭姝娟老师、徐奇老师、边展老师、陈宗兴先生和邢磊同学，他们为解决本书的技术问题提供了诸多建议；感谢为研究背景提供资料的甩挂从业者，他们为本书提出了许多建设性的意见和想法；感谢山东科技大学经济管理学院对本书的大力支持。同时，在本书的编写过程中也参考了一些现有的成果，在参考文献中已经列出，在此表示衷心的感谢！

本书的相关模型有完整清晰的表达，相关算法也有详细的描述，问题的求解过程易于再现，可为物流工程与管理、交通运输规划与管理、管理科学与工程等相关专业高年级本科生和关注该领域的研究生的学习提供参考，提高其对模型构建、算法开发的实践能力以及对现实优化问题的分析与解决能力。相关结论也可推动甩挂运输新模式的探索及推广，为相应的管理人员在运营调度方面提供决策支持，还可供对甩挂运输感兴趣的人士研读。

由于笔者水平有限，编写时间仓促，所以书中错误和不足之处在所难免，恳请广大读者批评指正。

杨珍花

2019 年 6 月于青岛

目　录

第一章　绪论 …… 001

一、研究背景 …… 001

二、研究内容 …… 012

第二章　相关理论及文献综述 …… 017

一、相关理论综述 …… 017

二、相关文献综述 …… 022

三、研究现状分析 …… 042

第三章　滚装甩挂模式下的牵引车调度优化 …… 044

一、研究背景 …… 044

二、问题描述 …… 045

三、数学模型 …… 048

四、理论下界值推导 …… 055

五、算法设计 …… 060

六、算例分析 …… 066

七、本章小结 …… 071

第四章　空挂任务不确定模式下的牵引车调度优化 …… 073

一、问题描述 …… 074

二、数学模型 …… 077

三、算法设计 …… 081
四、算例分析 …… 087
五、本章小结 …… 094
第五章 多车型交叉甩挂模式下的牵引车调度优化 …… 095
一、问题描述 …… 095
二、数学模型 …… 097
三、算法设计 …… 103
四、算例分析 …… 107
五、本章小结 …… 112
第六章 中途甩挂模式下的干/支线两级运输网络牵引车调度优化 …… 113
一、问题描述 …… 113
二、数学模型 …… 117
三、算法设计 …… 121
四、算例分析 …… 126
五、本章小结 …… 134
第七章 结论与展望 …… 136
一、结论 …… 136
二、展望 …… 138
参考文献 …… 140

第一章

绪　论

一、研究背景

（一）甩挂运输概述

广义的甩挂运输泛指采用汽车列车这一车辆形式（即动力部分与非动力部分可自由组合、分离）所涉及的一切运输活动。国外常见的甩挂运输主要包括两种形式：卡车拖带全挂车运输（the Truck and Trailer Routing Problem，TTRP），车辆形式如图 1 - 1（a）；牵引车拖带半挂车在垃圾回收过程中进行滚上—滚下运输（the Rollon - Rolloff Vehicle Routing Problem，RRVRP），车辆形式如图 1 - 1（b）。国内常见的甩挂运输主要包括三种形式：牵引车拖带半挂车进行运输（the Tractor and Semitrailer Routing Problem，TSRP，车辆形式如图 1 - 1（b））；甩挂海公联运涉及的挂车的滚装运输；甩挂公铁联运涉及的挂车的驮背运输。当前理论界的研究主要针对卡车拖带全挂车和牵引车拖带半挂车这两种车辆形式所涉及的三类问题（TTRP、RRVRP、TSRP）进行，而本书的所有研究都是针对国内常见的牵引车拖带半挂车这一车辆形式所涉及的TSRP问题进行的。

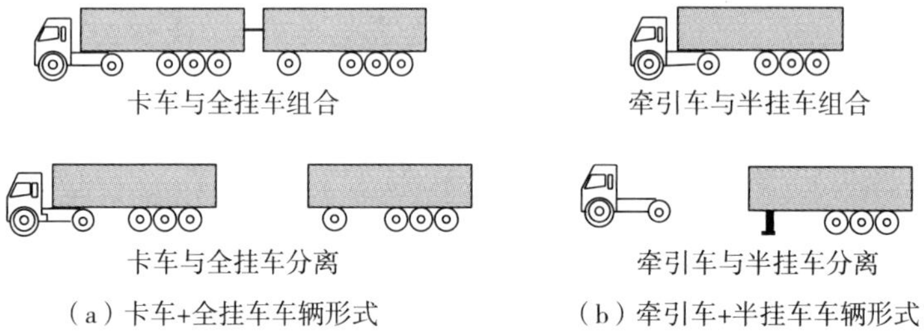

图1－1　两种甩挂运输车辆形式

甩挂运输系统中主要包括车场和客户两类节点，车场主要用于车辆的停放和维护，客户节点处有待运输货物。牵引车拖带半挂车进行甩挂运输的基本作业单元如图1－2所示，若客户点A处存在已经装货完毕的半挂车需要被送至客户点B，则指派一台牵引车独自前往客户点A，挂上半挂车后将其拖带至客户点B，随后将半挂车脱下，之后该半挂车就停留在客户点B进行卸货，而牵引车单独离开。

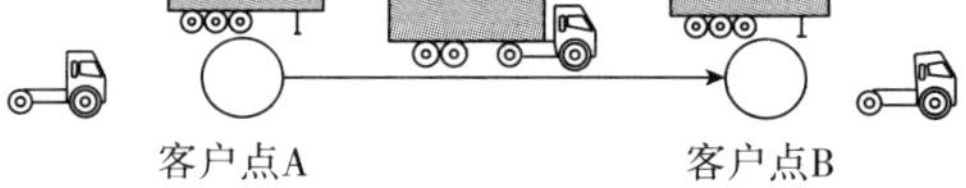

图1－2　甩挂运输的基本作业单元

很显然，相比于传统的单体卡车运输，甩挂运输有以下几点优势：

1. 降低物流成本

采用甩挂运输，牵引车可重复与不同的挂车耦合使用，减少牵引车的购置和使用数量，牵引车不需要等待装卸货，挂车装卸货期间牵引车可自由执行其他任务，提高了牵引车的周转率。同时，挂车作为重要的移动仓库，其可观的仓储能力还可降低系统的存储成本。因此，甩挂运输能够从整体上降低系统的物流成本。

2. 提高运输效率

在甩挂运输系统中，牵引车几乎时刻处于运行状态，若能保障客户节点的货物装卸与牵引车的运作计划相配合，货物可以达到时刻被处理的状态，流动效率会极高。另外，由于牵引车可与挂车分离，挂车的空驶状态也大大降低，有效发挥了挂车的仓储作用，缓解仓储压力，提高货物的运输效率。

3. 促进节能减排

在合理调度的前提下，甩挂运输可以达到高度集约化运输，以最少的牵引车空驶状态，完成高重载率运输，降低单位货量的周转能耗，降低能源消耗和碳排放。

4. 推动多式联运发展

甩挂运输在推动公路运输高效集约化发展的同时，可与海上滚装运输（挂车被运上滚装船）、铁路驮背运输（挂车被置于铁路平车或直接采用公铁两用车型）进行联运，拓展甩挂运输的运输范围，促进现代物流的发展。

（二）甩挂运输的作业结构

在国内现有产业条件基础上形成的甩挂运输基本作业结构主要有五种：“两点一线，两端甩挂”结构、“多线一点，轮流甩挂”结构、循环甩挂结构、网络甩挂结构和组合甩挂结构，具体如下：

1. “两点一线，两端甩挂”结构

“两点一线，两端甩挂”是指在货源稳定、充足且均衡的单一运输线路上，两个端点均有挂车需要运出，在牵引车到达之前，挂车在端点处完成装卸货，待牵引车到达端点，拖带挂车直接离开，如图1－3所示。

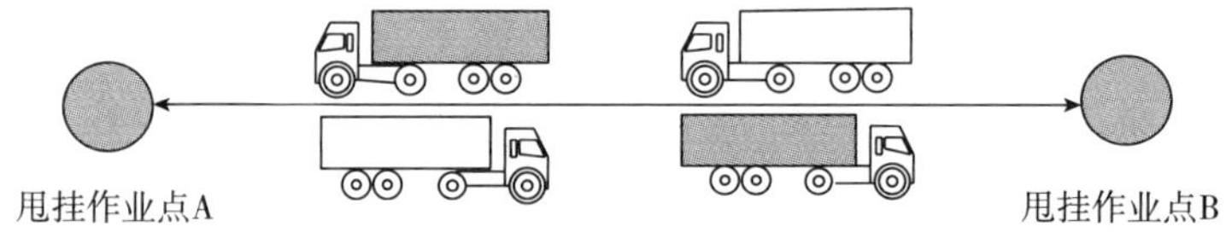

图1－3 “两点一线，两端甩挂”结构

这种结构在早期货源组织来源单一的情形下有着广泛的应用，如德邦物流公司在其500千米以上的干线公路中就采用了“两点一线，两端甩挂”的作业结构。

2. “多线一点，轮流甩挂”结构

“多线一点，轮流甩挂”结构适用的道路运网呈轴辐式，中心点集中发货、辐射点卸货，或者辐射点发货、中心点集中卸货。运网的显著特征是多条线路汇集于一点，在该点的装卸作业强度较高，此方式又称为轴辐式甩挂运输结构，如图1－4所示。

3. 循环甩挂结构

循环甩挂作业结构多用于大型工业园区内部的物料及产成品的循环和运输，如钢铁生产、水泥生产等，这些产品及原料的体量大、生产流程相对简单且固定。在该作业结构下，牵引车的运行路径是一个闭合回路，在每个装卸点处都有若干已经装卸完毕待运的挂车，牵引车移动到该点后，摘下当前拖带的挂车，挂上指定的待运挂车前往下一节点。图1－5为循环甩挂作业结构。

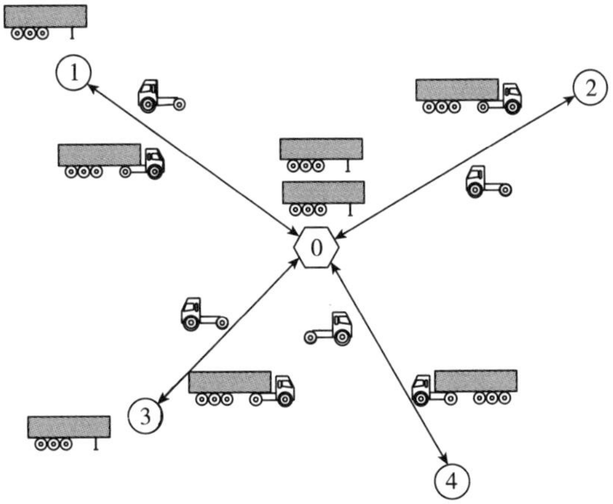

图1-4　“多线一点，轮流甩挂”结构

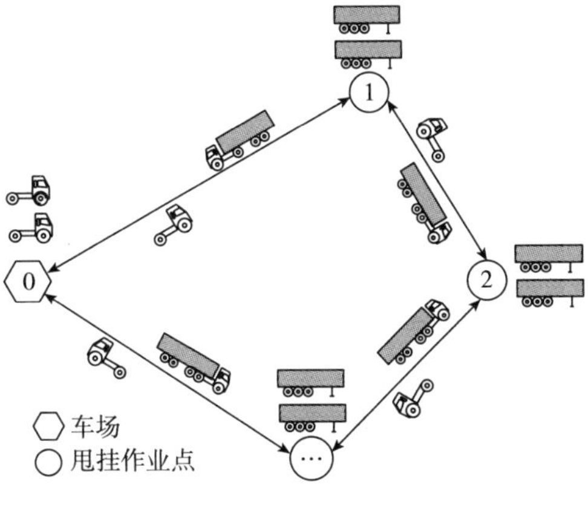

图1-5　循环甩挂作业结构

从中可以看出，循环甩挂作业结构适用于局部区域内，由于运输距离短，挂车装卸时间在总体运输时间中所占比重过高，采用挂车运输可以大大提高牵引车的周转速度。但该结构下需要有很高的挂车保有量，而且对司机的专业素质要求较高，同时，要求整个生产流程稳定，各环节之间配合准确。

4. 网络甩挂结构

网络甩挂结构主要适用于成熟的公路运网系统，且要求系统内货源充足、货量稳定。运网内有一个或多个甩挂中心，对车辆资源（牵引车、挂车）进行存储和维护，同时分布有多个职能相近的其他节点，这些节点处有挂车（重挂车或空挂车）待运。网络甩挂的基本作业流程是决策期内，牵引车从甩挂中心出发，在合理的调度计划下，将系统内所有待运的挂车从相应的起点（O 点）拖带至其目的地（D 点），完成后返回甩挂中心，如图 1－6 所示。

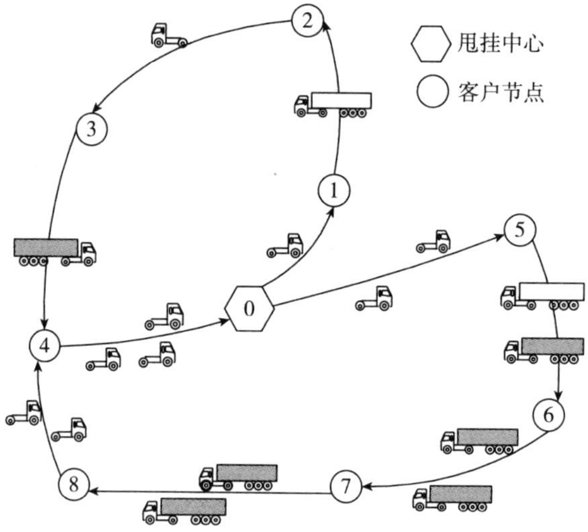

图 1－6　网络甩挂结构

该结构下，网络的覆盖范围较广，系统内的货流量大，且为了减少牵引车空驶，各节点的货量应当均衡，这就需要各节点都有较强的货物吸引能力。任意两节点之间的距离较远，通过高速公路进行挂车的运输。在甩挂运输开展初期，国内的运输主体规模小，货源比较分散，很难采用网络结构。但随着挂车联盟和挂车共享的推广，网络甩挂结构的基础日渐成熟，应用也越来越广。鲁辽滚装甩挂就是基于联盟的基础展开的，腹地覆盖鲁辽吉黑蒙5省，以辽宁和山东两地港口作为门户，实现跨区域货物流动，降低物流成本。

网络甩挂运输结构对应的作业调度比较复杂，主要体现在：

（1）调度主体较多，包括牵引车、空挂车、重挂车，甚至有的客户节点处无法直接对挂车进行作业，需要将集装箱从挂车上卸下，对集装箱进行装卸作业。在这种情况下，集装箱也是调度的主体之一。众多调度主体之间的配合、作业时间的约束、资源数量的限制等因素使得甩挂运输的调度难度较大。

（2）系统内节点较多，且挂车运输任务没有固定的方向，在任意两个节点之间都能产生，导致挂车任务异质性较强。该结构下一旦调度不当，会增加无效的等待时间或者无效的空驶。因此，网络甩挂结构对应的调度方案优化空间较大，加之甩挂运输本身无须等待装卸货的固有特性，使得该结构在体现物流运输高效性方面优势明显。

本书所研究的四种甩挂运输模式，均是基于网络甩挂结构延伸而来。

5. 组合甩挂结构

当上述四种作业结构中的一种无法完全涵盖现实运作特点，则需要利用若干种作业结构组合进行描述，即组合甩挂结构。港口的集装箱双重甩挂运输就是运用组合甩挂结构的一个典型案例。如图1-7所示，该集装箱双重甩挂运输网络由三部分构成：场站之间的干线甩挂网络、港口服务区到港区的支线网络、客户节点到甩挂运输作业场站的短驳甩挂网络。其中，场站之间的干线甩挂网络采用的是“两点一线，两端甩挂”结构，如图1-7中部所示；港口服务区（设施场站、收发货人、物流中心、大顾客等）到港区的支线网络采用的是网络型结构，如图1-7左侧所示；而客户节点到甩挂运输作业场站的短驳网络采用的是轴辐式结构，如图1－7右侧所示。

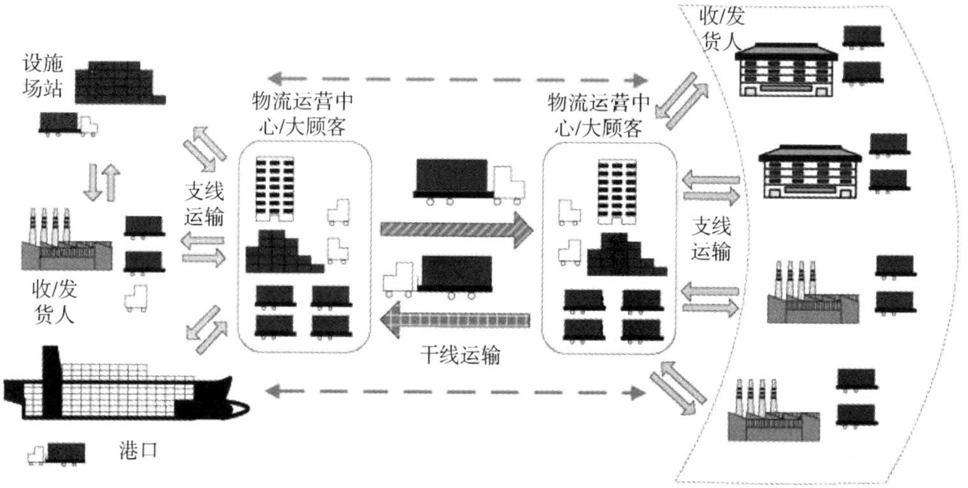

图1－7　组合甩挂运输模式

根据上述分析可以发现，基于不同的现实运营特点，甩挂运输存在多种对应的作业结构。因此，在具体的实践中需要根据货源分布、节点分布、道路状况、基础设施条件等主要影响因素，来形成某一种或几种结构来发挥甩挂运输的优势，指导现实生产运营。

（三）甩挂运输的发展现状及制约因素

1. 甩挂运输的发展现状

我国的甩挂运输起步较晚，2009年国家发改委、海关总署、公安部、交通部及保监会联合出台了《关于促进甩挂运输发展的通知》，甩挂运输才正式得到相关政策支持并在交通运输领域受到重视。近年来，各级政府部门先后出台相关的政策文件对甩挂运输给予财政补贴、技术指导。2010年，出台了《关于印发甩挂运输试点工作实施方案的通知》，开始推动甩挂运输试点项目的展开，该通知中明确了试点申报条件、试点开展的范围以及政府相应配套的扶持政策，首批确定了10个省（市、区）作为第一批甩挂运输试点地区，包括内蒙古、河北、天津、山东、河南、江苏、浙江、上海、福建和广东。2012年1月，交通部公布了第一批甩挂运输推荐车型，为甩挂运输试点地区和甩挂运输企业提供了车型购置依据。该文件中推荐了11家卡车企业的16种车型作为指导采购车型。2012年5月，交通部联合财政部发布了《公路甩挂运输试点专项资金管理暂行办法》，明确了甩挂运输企业购置推荐车型的资金补助标准，其中购置牵引车的补助标准为4万元/台，购置挂车的补助标准为1.5万元/辆。2012年12月，交通部又公布并向社会公示了第二批甩挂运输推荐车型，相较于第一批推荐车型，数量上有很大增加，同时对车辆技术参数的要求也更加细化。从中可以看出，国家非常重视对甩挂运输发展的鼓励和扶持，通过设立试点地区和企业、推荐标准车型和设立补助资金，逐步将这种高效的运输方式在全国范围内推广，从而为甩挂运输的快速有序发展提供了有利的政策环境。

在一些发达国家和地区，甩挂运输发展已经成熟并成为一种主流的运输方式，利用甩挂运输承担的公路周转货量占到总数的70%～80%。与之相比，我国的甩挂运输由于发展的时间相对较短，因此目前无论是实际运营，还是理论研究都处于初级阶段。当前我国的公路运输仍普遍利用单体货运汽车，甩挂运输的普及率较低，发展缓慢。根据财政部经济建设司的统计，与发达国家和地区相比，目前我国甩挂运输的发展现状主要有以下几个特点：

（1）甩挂运输的作业程度较低。在甩挂运输中，牵引车和挂车数量的比例被称为拖挂比，这一数值直接反映了甩挂运输的作业程度。拖挂比高，说明同一台牵引车可拖带的挂车数量多，牵引车的使用率、货物的周转率就较高，甩挂运输的作业程度就高，反之亦然。在美国、新加坡、澳大利亚等一些发达国家和地区，甩挂运输的拖挂比都至少在1∶2.5以上，其中新加坡甚至高达1∶7。但在我国，目前的拖挂比仅停留在1∶1.2，与这些发展成熟的国家和地区有着明显的差距。

（2）甩挂运输的运行模式比较简单。国外成熟的甩挂运输系统采用的多是网络甩挂模式，网络中分布有多层次的货物分拨中心，通过与之相连的公路线路以及货运节点共同形成一张有效的货物集疏运网络，这是国外采用甩挂运输的零担、快运企业的基本布局和经营模式。网络内部节点之间的有效衔接以及牵引车在网络内部的合理调度，将网络内的货物集零为整，满足甩挂运输对货量的要求，发挥网络模式的优势，提高甩挂运输的效率。我国的货运企业由于经营比较分散，多采用“一线两点，两端甩挂”的传统模式，难以实现公路运输的集约化发展，宏观上对运输资源也难以实现高效调配。

（3）甩挂运输的区域发展不均衡。当前，由于东西部的经济发展水平和基础设施条件的差异，甩挂运输在东西部的发展程度有很大不同。甩挂运输发展速度快、程度高的地区主要集中在我国的东部及东南部沿海地区，如环渤海地区、长江三角洲、珠江三角洲地区等，尤其是这些地区中的港口城市。这些城市为了提高集装箱在港口和腹地之间的集疏运速度，多形成了以港口为中心的轴辐式甩挂网络，如大连、烟台、上海、厦门、广州和深圳等。而中西部地区甩挂运输的应用范围很小，仅有部分应用于一些大型站场、内河港口或者工商企业之中。

2. 甩挂运输发展的制约因素

自2009年以来，国家和各级政府部门积极引导甩挂运输的发展，出台政策并补贴资金扶持甩挂运输的试点项目，这些措施一定程度上激励了甩挂运输企业的积极性，推动了我国甩挂运输整体水平的提高。但从更深层次来看，我国甩挂运输的发展仍面临着严重的制约，主要包括以下几点：

（1）企业的集约程度和管理水平低。企业的集约程度低与我国长期以来的道路货运经营格局有关，我国的货运经营主体90%以上是个体运输业户，道路货运主体车辆拥有量的平均值仅为1.5辆，其中90%以上的业户拥有10辆以下货车。因此，道路货运长期处于“小、散、弱”的格局状态，集约程度低，运力、货源和信息得不到有效整合，使得甩挂运输的推广在基础层面遭遇较大阻碍。

企业的管理水平低主要是指缺乏开展甩挂运输的组织和调度经验。甩挂运输对运营组织的精细程度要求更高，对各环节之间的流畅、准确衔接要求更高，对货物的装卸和整理的时效性要求更高，对运输车辆的维护、调度效率要求更高，这些高要求对多数货运企业而言难度较大。因为当前多数货运企业以个体经营、承包和挂靠经营为主，在单体卡车运输方面的运营组织经验比较充足，但缺乏物流信息化和智能化管理的经验。

（2）车辆标准化程度低。甩挂运输最大的特点就是牵引车和挂车之间频繁地分离和组合。牵引车在运行过程中，经常需要与多台挂车配合使用，这就要求车辆的标准化程度达到较高水平，否则就会出现“挂不上、拖不了”的问题。但当前缺乏牵引车与挂车之间连接销的机械制造标准以及匹配的技术规范，各运营主体之间的车辆型号纷繁多样，相互之间无法匹配，阻碍了甩挂运输联盟化发展进程，也阻碍了甩挂运输的网络模式的推广。

（3）法规制度的制约。由于挂车与牵引车相比，使用强度小、频率低，且无动力、无燃油携带，其折旧的速率、发生事故的风险都要小很多。在美国、德国、日本等发达国家以及我国香港等发达地区，挂车都被排除在机动车的范围之外，属于被牵引车类别。对挂车的管理也有别于牵引车，不需要再单独缴纳交强险，理赔时不作为事故主体，牌证的申请和管理、检车的频率、报废的年限等也与机动车不同，政策法规比较宽泛和简单。但我国内地将牵引车和挂车分别视作两个主体，对二者的管理均采用单体车的规章制度，挂车需要单独缴纳交强险和其他的商业保险费用，单独上牌照，检车和报废的相关规定与机动车一致。牵引车与挂车本身需要配合使用，但在管理上却将二者分开，浪费了大量时间，降低了甩挂运作效率，提高了货物运输成本，大大挫伤了企业购置挂车的积极性。

（4）地方保护主义的制约。当前我国大多数货运企业自身的车辆数量较少，货源不足，难以发挥甩挂运输的优势。若区域间的企业能够联盟，共享车辆资源和信息，或者企业间依托类似东方驿站这种企业所推广的挂车租赁平台实现合作，就能增强整体实力，使甩挂运输“甩”起来。但现实条件是，各地存在普遍的地方保护主义，各企业“自占山头”，无法推进车辆资源和信息的共享，反过来又将企业的发展局限于本行政地区，使得更大范围的乃至全国范围的甩挂运输网络的形成有着很大难度。

二、研究内容

为加强东北地区与山东、华东地区的经济交流，从 2005 年开始，交通部在渤海湾推行滚装甩挂运输模式，自此，鲁辽滚装甩挂运输得到初步发展，到 2014 年前后达到比较成熟的状态，但也暴露出一些理论研究与实际运营、实际运营与企业诉求、实际运营与潜在优化空间之间的不平衡之处。本书立足于鲁辽滚装甩挂这一宏观背景，对理论研究与实际运营的不平衡之处进行相应模式下的补充研究，对实际运营与企业诉求的不平衡之处根据企业的呼声提出相应的模式进行研究，对实际运营与潜在优化空间之间的不平衡之处则提出新模式进行探索研究。

抽象地看，鲁辽滚装甩挂系统呈“哑铃型”，渤海航线是中间的“连接杆”，北端的东北地区和南端的山东及华东地区覆盖着货物集散网络（孙倩雯，2017）。货物集散网络与渤海航线的衔接点便是滚装码头，包括大连、烟台等。

以一端的甩挂运输腹地货物集散网络为研究对象，可以看出，滚装码头是该网络中的重要节点，承担着输出本地区去往另一地区的所有挂车的任务。而且，由于在滚装码头的牵引车调度系统中，船舶在港作业的时间短，船舱内作业空间有限，若调度不利极易造成船期延误、码头拥堵、资源浪费、货物集疏运延缓，进而增加货运公司成本，损害码头信誉。调度人员必须在有限的时间和设备资源允许的范围内，协调好牵引车在船舶上的挂车装卸、码头堆场和仓库内挂车提放等环节运行方案之间的配合，并力求降低整个系统的运作成本，提高运作效率。滚装码头内部的牵引车调度优化是甩挂运输中一个非常重要的问题，但就笔者查找的文献来看，尚无对滚装模式下的码头内部牵引车作业进行调度优化的研究，这是理论研究与实际运营的不平衡之处。针对这一不足，本书首先进行滚装甩挂模式下的牵引车调度优化。

另外，着眼于整体的腹地货物集散网络时，存在的问题主要有三点：

第一，在甩挂运输中，与重挂运输一样，空挂的调运也占据着很重要的地位。空挂车可以被视为一种移动的仓库，其在节点间的移动，表面来看是一种无效作业，但只有给节点及时补充空挂车，才能保证货物及时被装车运走，这是保障系统连续性运营的必要条件。换言之，空挂的调运在甩挂运输系统中是一种无法避免的无效作业。当前在关于甩挂运输调度的研究中，针对空挂任务的确定大致分为三种情况：①忽视空挂任务的存在，研究对象只有重挂任务；②在确定好重挂任务的运输方案后，空挂任务随即确定，每项空挂任务是在两项重挂任务之间执行，并未将空挂任务视为独立的任务；③与重挂任务一样，直接将空挂任务当作确定性的任务来调度。但是一般情况下，甩挂运输系统中各节点在调度开始之前只能确定的是该节点对空挂车的供/需量，每一个挂车的 O 点或者 D 点不确定，需要根据调度方案来确定。这也是理论研究与实际运营的一大不平衡之处。因此，本书解决的第二个问题便是在空挂任务不确定模式下为空挂车确定 O 点或 D 点，形成系统整体的挂车调运方案，即空挂任务不确定模式下的牵引车调度优化。

第二，当前的甩挂运输市场存在多种型号的牵引车和挂车，但受制于连接销的型号，不同型号的牵引车和挂车之间无法直接结合使用。很显然，这种限制在一个有着多种车型的甩挂运输系统中会降低系统整体的优化空间。例如，若一种车型的运行路径中恰好有另一种车型的挂车需要运输，而且时间窗等其他因素也都合适，此时如果直接利用该路径的牵引车来拖带这台挂车，不必单独安排相应型号的牵引车从其他地点行驶至该点来完成该任务，可明显降低系统整体的运输成本。统一甩挂运输车辆连接销型号的呼声在行业中已经开始出现，若得以实现，则吨位大的牵引车不仅可以拖带与之相匹配的挂车，吨位比其小的挂车也可以拖带，本书将这种情境称为交叉甩挂模式。针对多车型交叉甩挂模式下的牵引车调度优化的研究，可以为弥补实际运营与企业诉求之间的不平衡之处提供理论支撑，这是本书解决的第三个问题。

第三，随着甩挂运输的广泛应用，不仅干线道路采用挂车运输货物，很多系统中支线道路也开始推广甩挂运输模式。这样，甩挂运输路网就存在干线运输任务和支线运输任务。干线任务的货运量较大，通常采用吨位大的挂车，相对地，支线任务采用的挂车吨位较小。由于支线网络一般是以干线网络中的一个节点为中心的轴辐式网络，基于第三部分交叉甩挂的模式，当执行干线任务到达某一干线节点时，牵引车可执行以该点为端点的其他任务。该干线节点并不一定是干线任务的 OD 点，有可能是途中经过的节点。此时牵引车可以临时甩下当前干线任务，执行其他任务后返回该干线节点，重新挂上原来的挂车前行。采用这种中途甩挂模式可以使得甩挂运输系统的牵引车调度优化有更大的空间，在一定程度上弥补实际运营与潜在优化空间的不平衡之处，所以该模式下的干/支线两级运输网络的牵引车调度优化，是本书解决的第四个问题。

简而言之，对四种模式下的牵引车调度优化问题总结如下：①考虑到滚装码头内部的挂车上下船时间要求严格、船舱内作业空间有限以及多船同时作业的复杂性等现状，基于大连湾的运作实际，对滚装码头内部多船同时停泊时的挂车上下船牵引车作业进行调度优化；②针对空挂任务不确定的特点，在安排好空挂任务的 OD 点后，将空挂任务与重挂任务均作为调度对象，对牵引车的作业任务序列进行调度优化；③针对车型标准化的趋势，依照“大车可拖小挂”的构想，解决多车型交叉甩挂模式下的牵引车作业调度问题；④基于干/支线两级甩挂运输网络，考虑牵引车在执行干线任务时可中途甩挂来临时执行其他任务的情境，进行牵引车的作业调度优化。

研究的技术路线如图 1－8 所示。

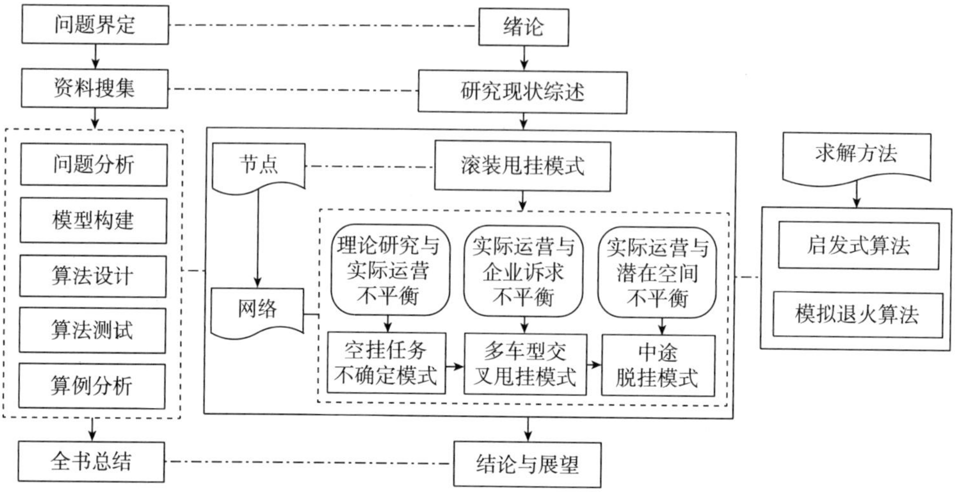
问题界定
绪论
资料搜集
研究现状综述
问题分析
模型构建
算法设计
算法测试
算例分析
节点
滚装甩挂模式
网络
理论研究与实际运营不平衡
实际运营与企业诉求不平衡
实际运营与潜在空间不平衡
空挂任务不确定模式
多车型交叉甩挂模式
中途脱挂模式
求解方法
启发式算法
模拟退火算法
全书总结
结论与展望

图 1-8 研究技术路线

第二章

相关理论及文献综述

一、相关理论综述

本书所涉及的相关理论主要体现在求解算法方面，包括启发式算法和模拟退火算法。

（一）启发式算法

相对于精确解算法，启发式算法具有很强的实用性。这是因为在求解现实问题的过程中，所采集数据的不精确性、模型参数估计的不准确性、大规模问题求解时间与计算成本的不可接受性等，客观上要求采用这种实用的启发式算法。

启发式算法包括传统启发式算法、改进的启发式算法、现代启发式算法及混合启发式算法等。

传统的启发式算法主要包括经典的构筑法与改善法两大类；改进的启发式算法主要包括 A 算法、反复局部探索法、可变邻域探索法、随机局部探索法等；现代启发式算法主要包括模拟退火法、进化算法、禁忌搜索、蚁群算法、神经网络算法等；混合启发式算法包括精确算法与近似算法的融合，如解空间松弛算法、解空间分解算法、限制解空间算法、基于数学规划的探索进程调整法等，以及启发式算法间的融合，如遗传算法与局部探索算法的融合、禁忌搜索与局部探索的融合、遗传算法与模拟退火算法的融合等。

由于启发式算法的实用性，令其得到了广泛的应用。启发式算法的开发策略主要包括以下几种：

逐步构造解策略：每次增加解的一个元素，直到得到一个完整的满意解。

改进解策略：从一个初始解（并非一定为可行解）开始，通过一系列替换、分解和合并过程来逐步修正，以提高解的可接受性。

分解策略：把一个复杂的问题分解成一系列容易处理的子问题来求解，一个子问题的输出为下一个子问题的输入。

分割策略：把一个复杂的问题分解成一些平行的子问题，求解每个子问题，在相容原则下进行综合，把子问题的解合并成原问题的解。

松弛策略：扩展问题的可行域，得到一个易于处理的松弛问题，然后求解松弛问题，就能很容易得到原问题的一个可行解，再对这一可行解进行修整。

1. 构筑算法

构筑算法是基于启发式策略的逐步构造解策略，即逐一地为所有决策变量赋值，每次增加解的一个元素，在每一步都是做出当时的最佳移动，以获取暂时的最大化好处。如此经过有限次循环，直至得到一个完整的满意解。

构筑算法俗称贪婪算法，是通过一系列“贪婪”的步骤，每一步对目前构造的部分解做一次扩展。每次扩展都必须满足下列基本性质：①可行性，即每次扩展必须满足问题的约束条件；②局部最优性，即在当前步骤中所有可行选择中的局部最优解；③不可逆性，即在每一步一旦做出了选择，在随后的步骤中便无法修改。

构筑算法的这种贪婪属性简洁明了、易于实现，具有很强的实用性。同时，也由于每一步决策的短视行为，导致每一步做出的现时点的局部最优解并不能保证构成最终的全局最优解。

2. 改善算法

改善算法是基于启发式策略的改进解策略，即从一个初始解开始，通过一系列替换、分解和合并过程来逐步修正，以提高解的可接受性。在这个过程中，运用的是迭代改进的方法。每次迭代都从当前点出发，在当前点的邻域内选取一个新点，如果这个新点的评价值优于当前点，则它就变成当前点；否则就选取当前点邻域内的其他点来进行比较，直至没有进一步改善的可能或者计算时间与成本变得不可忍受为止。

基于上述探索过程，改善算法又称为局部探索法，俗称爬山法。改善算法的核心环节在于当前点的邻域的选择问题。一种极端的情形是随机地从可行解空间中选择一个潜在解，相当于完全随机探索；另一个极端的情形是将整个可行解空间作为当前点的邻域，相当于穷举搜索。解决现实问题应该避免上述两种极端情形，其折中情形就是在当前点周围的某个合适大小的范围内进行搜索。如果邻域的范围较小，那么就可以快速地搜索该邻域，但也可能易于陷入局部最优；相反，如果邻域的范围较大，就不易于陷入局部最优，但探索的效率会受到影响。因此，邻域的定义就变得十分重要。

所谓邻域，是指对于某一个实行可行解 $x \subset F$（F 为可行解集合），将 x 进行一些适当的变形所得到的可行解集合 $N(x)$（$N(x) \subset F$）。相应地，从某一可行解 x 出发，为了在其邻域 $N(x)$

中生成一个可行解而使 x 适当变形的操作则称为邻域操作。

在可行域内的探索过程中，对于某一当前点 x，其邻域 $N(x)$ 内优于当前点 x 的候选解可能存在多个，在这种情形下必然面对的是候选解的选择策略问题，即邻域搜索策略。有两种主要的邻域搜索策略：一是最初改善策略，即对邻域内随机探索，一旦发现（最初的）改善解，就将现行解进行更新；二是最大改善策略，即在对邻域内所有的可行解进行探索后，再选择其中改善程度最大的一个改善解，并用其对现行解进行更新。

在邻域探索过程中，另一个必须面对的问题是通过邻域操作所产生的探索空间与问题本身的实行可能域（可行解集合范围）的关系。两者之间的关系主要有三种表现形式：

①探索空间 = 实行可能域，即通过邻域操作所产生的探索空间与问题本身的实行可能域完全一致。这是最易处理的一种情形，只要将目标函数值作为相应的探索候选解的评价基准即可。

②探索空间 $\supset$ 实行可能域，即通过邻域操作所产生的探索空间部分超出了问题本身的实行可能域。该种情形可以将目标函数值加上惩罚函数值作为相应的候选解的评价基准，通过惩罚非可行解强迫探索回到实行可能域中来。

③探索空间 $\not\subset$ 实行可能域，即通过邻域操作所产生的探索空间与问题本身的实行可能域不在同一空间内。这种情形需要设法产生一种映射关系，将探索空间与问题本身的实行可能域一一对应起来。

（二）模拟退火算法

模拟退火算法（Simulated Annealing，SA）来源于与固体退火的相似性，同时采用 Metropolis 准则作为接受准则。所谓的固体退火是一个获取固体低能晶格状态的热处理过程。首先将固体加热，使其熔化为完全无序的液态，此时粒子处于自由运动状态；然后逐渐降温，粒子运动渐趋有序，当温度降低到结晶温度，粒子运动变为围绕晶格点的微小振动，液体凝固成固态晶体。退火过程要求降温过程足够缓慢，使得在每个温度下所有粒子随机排列达到热平衡，最终达到固体的基态，即系统能量最小的状态。Kirkpatrick 充分利用了固体退火原理提出了模拟退火算法，求解优化问题的模拟退火算法对固体退火过程的模拟如表 2－1 所示。

表 2－1　模拟退火算法与固体退火过程的模拟

固体退火	模拟退火算法
粒子的一个状态 i	优化状态的一个解 x
能量最低的一个状态	最优解
系统的能量	目标函数
温度	控制参数
某一恒温状态下趋于热平衡	产生新解－判断－接受/舍弃

模拟退火算法的一般框架如下：

步骤 1：（初始化）产生初始解，给定冷却进度表参数，包括温度 t 的初值 t_0，温度下降函数以及内循环长度 L_t。

步骤 2：判断是否满足终止条件，若满足，则终止算法，输出结果；否则继续下面的步骤。

步骤 3：按给定的方式产生新解，并计算适应函数值增量 ΔE，如果 $\Delta E \leqslant 0$，替代当前解；如果 $\Delta E > 0$，按概率 $e^{\frac{-\Delta E}{k_b \times t}}$ 接受新解，k_b 是常数。

步骤 4：根据温度 t 下内循环长度 L_t 的大小，重复步骤 3。

步骤 5：按照某种温度冷却方案降低温度 t，转步骤 2。

从模拟退火算法的一般框架可以看出，该算法是局部搜索算法的发展，以概率 $e^{\frac{-\Delta E}{k_b \times t}}$ 接受目标函数值大的解，使得算法能够以一定概率跳出局部极小点，这也保证了算法能够以一定概率收敛到全局最优点。

二、相关文献综述

按照广义的分类，甩挂运输的相关研究包括 TTRP、RRVRP 和 TSRP 三大类，其中 TSRP 还涉及与滚装甩挂和铁路驮背的联合运输。对 TTRP、RRVRP 和 TSRP 进行综合研究的文献主要有两篇：李红启和吕潭（2015）对组合车辆的研究进行了综述，分析了各种组合车辆基本的调度形式、研究进展以及研究空间；Li 等（2016）对组合车辆路径问题进行了综述，侧重于对比分析三种车辆形式的调度目的，以及研究进展中在求解方法上的共同特点。

同时，甩挂运输是车辆路径问题（Vehicle Routing Problem，VRP）的一个变体（Tan 等，2006；Xue 等，2014；Li 等，2012；Li 等，2013b）。因此，本章的文献综述主要针对 TTRP 问题、RRVRP 问题、TSRP 问题和 VRP 问题四个方面进行。

（一）TTRP 问题

Chao（2002）首次提出了 TTRP 问题。在 TTRP 问题中，运输车辆的形式可以是单独一辆卡车，也可以是一辆卡车拖带一辆挂车（该形式称为汽车列车），卡车和挂车都有载货能力。相应地，客户节点也被分为汽车列车客户节点和卡车客户节点。汽车列车客户节点的作业空间较大，道路状况良好，允许汽车列车或者单独的卡车访问；而卡车客户节点由于作业空间不足，或者连接该节点的道路等级较低，只能允许卡车单独访问，如果在到达该节点之前车辆形式是汽车列车，则需要提前选择某一汽车列车客户节点作为挂车停靠点，将挂车甩下，卡车单独前往。

在此基础上，车辆路径可分为纯卡车路径、纯汽车列车路径和组合路径三种类型。纯卡车路径中包含汽车列车客户节点或者卡车客户节点；纯汽车列车路径中只包含汽车列车客户节点，不包含子路径；而组合路径中包括由汽车列车访问的主路径以及汽车列车将挂车摘下后，剩余卡车独自访问的子路径，主路径中包括汽车列车客户节点和卡车客户节点，子路径中仅包含卡车客户节点。Chao（2002）采用构筑法、禁忌搜索改进策略，结合确定性退火中发现的偏差策略来解决 TTRP 问题。

1. 基本 TTRP 问题

根据李红启和吕潭（2015c），在 Chao（2002）之前，有若干文献已经对汽车列车调度问题展开过研究，只是并未将其定义为 TTRP 问题。Semet 和 Taillard（1993）较早研究连锁店利用 21 辆卡车和 7 辆挂车进行货物配送的车辆调度问题；Semet（1995）将该问题定义为 PAVRP 问题（Partial Accessibility Constrained Vehicle Routing Problem）；Gerdessen（1996）的研究也是较早的研究卡车拖带挂车进行配送的文献，他将该问题定义为 VRPT 问题（Vehicle Routing Problem with Trailers），并为其建立了数学模型，相应地开发了四种构筑算法以及后续的改进策略对问题进行求解。

在 Chao（2002）之后，学术界开始将汽车列车调度问题正式称为 TTRP 问题。Hoff 和 Løkketangen（2007）研究了 TTRP 问题的一个典型的现实情境——挪威农场的生牛奶收集问题。在车辆路径中，挂车可以在停靠点从卡车上甩下，卡车继续去访问各个农场并收集牛奶。可以停靠的节点都是提前选定的，通常是大型节点或者加油站。当卡车上的储存罐装满后，卡车返回到停靠的挂车处，将牛奶转移到挂车的储存罐中，卡车继续访问其他农场收集牛奶。

Caramia 和 Guerriero（2010）研究了意大利农场生牛奶收集的 TTRP 问题，其特点在于农场处生产的牛奶分为不同的种类，相应地，储奶罐也分为不同的隔段，一种牛奶只能储存到储奶罐的一个隔段内。他们开发了两阶段数学规划方法进行求解，第一阶段最小化路径中应用的车辆数，第二阶段最小化巡回路的长度。

Drexl（2007a）在其研究报告中分别基于弧变量和路径变量建立了规划模型，并开发了分支定价算法求解 TTRP 问题。后续，Drexl（2007b）在其博士学位论文中又设计了基于分支切割方法的 TTRP 求解器。其数值实验表明，分支定价方法比分支切割方法更优，但这种优势仅仅体现在小规模数值例上。2011 年，Drexl（2011）为该问题设计了另一种分支定价算法，应用于更大规模的算例中。2013 年，Drexl（2013）介绍了带有挂车和转运节点的 VRPTT（VRP with Trailers and Transshipments）问题。Drexl（2014）提出 VRPTT 问题的两种基于弧变量的规划模型并设计分支切割算法进行求解。该数值实验结果证明使用逻辑约束的延迟思考要优于其他的方法。

Caramia 和 Guerriero（2010a）在 Caramia 和 Guerriero（2010b）的基础上进一步改进了求解 TTRP 问题的算法：将数学规划与局部搜索迭代使用，同时运用两种手段保证解的多样性。一是识别在第一阶段（分配车辆路径）算法过程中的附加约束条件；二是运用类似禁忌的客户—路径矩阵来避免在之前的迭代中已经分析过的分配出现。

Hall 和 Sabnani（2002）为车辆定义了巡回路，在每个节点处，牵引车可以甩下一个或多个挂车，也可以挂上一个或多个挂车。他们开发了基于预测的路径货量的控制策略，来确定何时释放牵引车。

在 Scheuerer（2006）的研究中，TTRP 问题的待决策点除了车辆路径外，还包括最佳的挂车停靠节点以及挂车应当被甩下的次数。他提出了两种新的构筑算法和一种禁忌搜索算法来解决 TTRP 问题。

Lin 等（2009）运用模拟退火算法来求解 TTRP 问题，其实验结果表明，在求解 TTRP 问题上，虽然禁忌搜索算法的使用比较普遍，但模拟退火算法有着明显的优势。

Villegas 等（2011）运用先路径—后聚类的思想将基于贪婪随机适应搜索程序的混合启发式算法、变邻域搜索策略和路径重连操作结合起来进行求解。其中路径重连操作被作为一种后优化的集约化机制应用在进化路径重连操作中，以进一步提高解的质量。后续，Villegas 等（2013）将贪婪随机适应搜索程序和迭代局部搜索策略结合，开发混合算法求解路径的局部最优解，并将这些路径作为 TTRP 问题集合划分规划的列。作者运用这种算法，可以解决车辆数固定和车辆数无限制两种情境下的 TTRP 问题。

Hu 等（2014）是国内少数研究 TTRP 的文献之一，开发了混合进化算法来搜索最优的混合路径。

Wang 等（2018）开发自适应蝙蝠算法求解 TTRP 问题，在局部搜索环节设计了 5 种邻域搜索结构。另外，他还设计了自适应调整策略来保存粒子的多样性，最终利用 21 个基准问题（Chao，2002）验证了算法在精度和效率方面的有效性。

针对 TTRP 进行研究的中文文献极少，胡志华和陶莎（2013）运用混和进化算法求解 TTRP，并用两元素优化方法 2 - opt 对线路进行了优化。

2. TTRP 问题的延伸

Torres 等（2013，2015）在求解 TTRP 问题时考虑了数据中的不确定性，其模型采用的是模糊约束。

与 Villegas 等（2013）类似，Lin 等（2010）松弛了 TTRP 问题的车辆数量约束，提出了 RTTRP 问题（Relaxed Truck and Trailer Routing Problem）来检验能否进一步减少总的路径成本或总运行距离。他们设计了模拟退火算法求解 Chao 的研究中所使用的 21 个 TTRP 基准算例（Chao，2002），以及 36 个新生成的 TTRP 算例。后续，Lin 等（2011）研究带时间窗的 TTRPTW 问题，仍利用模拟退火算法进行求解。

Drexl（2013）研究带挂车和转运的车辆路径问题（VRPTT），称实质上该问题就是 TTRP 问题。VRPTT 是一类具有多个同步约束的车辆路径问题的典型代表。作者介绍了几种具有多个同步约束的车辆路径问题，如多级定位路径问题、车辆与乘务员协同路径问题是如何建立 VRPTT 模型的。

Derigs 等（2013b）研究卡车与挂车之间存在货物转运与不存在货物转运两种选择下的 TTRP 问题，同时还考虑配送的时间窗要求，提出了一种基于局部搜索、大邻域搜索以及标准元启发式控制策略的算法进行求解。

Mirmohammadsadeghi 和 Ahmed（2015a）建立了带随机需求约束的 TTRP 问题模型，采用 Memetic 算法求解该问题，并改进了 54 个基准算例进行验证。同年，Mirmohammadsadeghi 和 Ahmed（2015b）建立了带有随机需求约束的 TTRP 模型，实验数据来源于现实中的大型鲜奶配送服务（这是 TTRP 问题的一个典型情境，Lin 等（2009，2010）），客户节点处的需求量服从泊松分布。他们还开发将多点模拟退火算法、Memetic 算法和禁忌搜索算法相结合的算法进行求解。

Belenguer 等（2016）指出，与 TTRP 问题相比，系统中分布有子场站的单一卡车与挂车路径问题（the Single Truck and Trailer Routing Problem with Satellite Depots，STTRPSD）与 TTRP 问题的不同之处主要是，在 STTRPSD 问题中，所有的客户点只能由卡车单独访问。STTRPSD 对应的一个典型的现实情境是从农场运用卡车收集牛奶，这些农场无法容纳卡车加挂车的组合形式进行服务。作者采用了分支切割算法，能够解决的问题包含 50 个客户节点和 10 个子场站，也可以有效地解决包含 20 个子场站和 100 个集群客户点的问题。

Regnier – Coudert 等（2016）设计了简便的构造求解器，能够解决实时动态的优化问题，并评估了对英国的阿伯丁克雷布运输公司调度计划的优化程度。由于问题的动态性，一天之中随时都可能接收到任务计划，该问题也被动态实时地重复进行求解。

Zhang 等（2014）研究了带有灵活订单的集装箱拖运问题，引入临时顶点集来区分不同的集卡状态，并设计 4 种策略进行求解。

（二）RRVRP 问题

根据李红启和吕潭（2015）以及 Li 等（2015）的研究成果，RRVRP 问题（the Rollon – Rolloff Vehicle Routing Problem）是采用牵引车和半挂车这种组合车辆形式的一种 VRP 问题的衍变，也是三种主要的垃圾收集业务之一。在基本的 RRVRP 问题中，有单一场站，在一天开始的时候所有的牵引车停在场站，有一处垃圾处理设备，所有装满的挂车都要被送到此处甩下来倾倒垃圾，而空挂车也可以从此处被挂上拖走（当然空挂车也可从库存处挂上拖走）。在一天结束之后，所有牵引车返回场站，挂车则停留在客户节点处或者垃圾处理设备处。

1. 基本 RRVRP 问题

Bodin 等（2000）推导了 RRVRP 的两种下界值，同时设计了四种启发式算法对该问题进行求解。

Wy 和 Kim（2013a）以最小化所需的牵引车数量以及满足所有客户需求时的空驶时间最短为目标，开发了包括大邻域搜索和多改进策略的混合元启发式算法进行求解。

Alshraideh 和 Abu Qdais（2017）研究了约旦北部垃圾收集的一种现实情境。其所建立的模型将车辆能力、每周需要访问医院的次数、两次访问之间间隔的时间，与医院要求的服务水平一同考虑。

Li 等（2015）将现有关于 RRVRP 的研究扩展为城际干线网络背景下的多对多问题，并以最小化吨公里的 CO_2 排量为优化目标。运用改进的 C－W 节约算法，辅以后续的改进阶段和局部搜索阶段来求解该问题。后续，Li 等（2017）运用路径分解方法将路径转化为弧需求，进而提出 RRVRP 的车辆流规划模型，开发带有局部搜索的改进 C－W 节约算法进行求解。

Derigs 等（2013a）开发了一种简单柔性的求解方法，将标准的局部搜索和大邻域搜索整合至参数松弛和缺乏参数的元启发式控制策略中。

2. RRVRP 问题的延伸

De Meulemeester 等（1997）是早期研究 RRVRP 问题的学者，其所研究的问题包括单场站、多客户点、多垃圾处理站。客户点分为居民区客户点和工业区客户点，二者的不同之处在于居民区客户点的垃圾可由场站处理，即牵引车从居民区拖带重挂返回场站即可；而工业区客户点的垃圾必须由垃圾处理站进行处理，牵引车从这部分客户点处取了重挂车，必须送到垃圾处理站，待挂车清空后，再拖带空挂车返回场站。

在 Benjamin 和 Beasley（2010）的研究中，存在多处垃圾处理设备，单一车场，车辆数无限制。因此，除了需要决策传统的RRVRP问题中的牵引车何时访问垃圾处理站进行清空，还需要决策访问哪一个垃圾处理站。问题还分别为每个客户节点、垃圾处理站和车场设置了时间窗，每台牵引车存在一个司机休息时段以及每天能够完成的最大工作量。

Wy等（2013b）在传统RRVRP问题中加入了更多现实因素，包含多垃圾处理站、多集装箱储存堆场，同时受到客户需求、客户和处理站不同的时间窗、集装箱类型和尺寸、牵引车司机的午休时间这些因素的影响，共有7种服务类型。另外，其论文还包括一些现实问题，如改变服务类型、客户点处多种需求以及不同牵引车具有不同的工作计划。

在传统RRVRP中，无论挂车是否满载，一台牵引车只拖挂一台可灵活摘/挂的挂车，但在Hauge等（2014）的研究中，一台牵引车可同时运输2个挂车、8个集装箱，这8个集装箱中最多有2个可以满载。他们因此设计混合列生成算法进行求解。

Baldacci等（2006）在原有的场站、垃圾处理站、客户三类节点的基础上，增加了一类用于存放未被使用的空挂车存放站，并在问题中考虑多个垃圾处理站和多个空挂车存放站，提出了M-RRVRP（Multiple Disposal Facilities and Multiple Inventory Locations RRVRP）。另外，挂车也存在多种类型，不同存放站所存放的挂车类型不同，不同处理站所能处理的挂车类型也不同，但不同类型的挂车可随意与牵引车匹配。

（三）TSRP问题

1. TSRP问题的宏观评价研究

有相当部分的文献分析了甩挂运输较传统单体卡车运输在经济效益和环境友好方面的优势。薛亮等（2011）以粤闽干线开展甩挂运输为实例，通过实例数据体现出开展甩挂运输的经济性和社会效益。李红启等（2016b）采用系统动力学模拟公路甩挂运输的行业运行过程，构建 SD 模型来论证甩挂运输在降低碳排放方面的优势，以及现有政策对甩挂运输的影响。

部分文献对甩挂运输企业的运营进行评价。李红启和李嫣然（2014b）在分析了甩挂运输在技术经济方面的特点后，为开展甩挂运输的物流企业建立了绩效评价体系，选取层次分析法和突变模型法作为评价方法，通过分析 5 家试点企业的运营案例证明了指标体系和评价方法的有效性。付新平和万鸿鹄（2015）提出建立甩挂运输联盟，系统性地分析了联盟采取的模式，并基于模糊层次综合分析法对不同模式相应的风险进行了分析，评定出不同的风险等级，最终根据分析的结果指出了相关的防范措施。

在道路安全方面，赵鲁华等（2013）在研究了甩挂运输作业的整体风险因素之后，将系统拆分为若干子系统，又为各个子系统的安全水平和系统整体的安全水平建立因果关系模型，分析了两者之间的因果反馈环。基于分析的因果结构，设计了系统动力学流图，通过仿真分析更加准确地识别出各因素之间相互作用的机制。

其他文献则针对甩挂运输模式、定价及车辆配置等问题进行了宏观研究。耿蕤和张世华（2013）研究了甩挂运输中牵引车最佳配置数量的计算，首先以“两点一线”甩挂结构为例进行计算方法的设计与探讨，找到求解最佳挂车数量配置的约束条件，继而将求解范围扩展至其他多种结构，如三点循环甩挂、客户端甩挂、整车甩挂以及集装箱甩挂等。

2. TSRP 问题的调度优化研究

（1）局部区域内的 TSRP 问题。Tan 等（2006）最早提出在新加坡港内部运用“牵引车 + 半挂车”的车辆组合形式来拖运集装箱，并针对性地建立了数学模型。在满足时间窗和牵引车可获得性约束下，以最小化路径距离和最小化牵引车使用数量为目标，其问题的解表现为完整的车辆调度方案。在该问题情境中，将部分任务外包也是允许的。设计多目标混合进化算法对该问题进行求解，以获得该多式联运问题的帕累托前沿。

Xue 等（2014）也利用甩挂车辆来完成港口附近区域的集装箱拖运，该研究中将本问题定义为 LCDP（Local Container Drayage Problem）问题。另外，在收货人和托运人之间的空箱共享战略联盟也被考虑在内，并开发了禁忌搜索算法进行求解。后续，Xue 等（2015b）又开发了组合本德斯切割算法求解上述问题。在 Xue 等（2015a）的另一项研究中提出，结果规划仅能求解小规模问题，针对大规模问题，作者开发了最大—最小蚁群优化算法来减少计算时间。

胡志华等（2012）采用循环甩挂模式在港口内部进行集装箱的集散，设计两阶段优化方法进行求解，并在后续研究中运用该方法求解了两港口间的集装箱互拖问题（胡志华，2013）。

钟慧玲等（2013）以节约运输的成本为目标，解决了内河港口甩挂运输组织中场站选址问题。

Tang 和 Li（2009）运用甩挂运输来为钢铁生产工业在仓库－船坞之间运送产品。与一般的甩挂运输不同的是，该问题中不同型号的产品需要不同类型的挂车与之匹配。

Cheng 等（2010）利用甩挂运输来完成钢铁生产的内部物流，目标是降低企业内部物流的成本、提高企业内部物流的效率。根据运输需求的时间，基于聚类分析来对任务进行分组。

Berghman 和 Leus（2015）研究了一个配送仓库，其中挂车需要被分配至码头进行装货或者卸货。停车场与码头之间的运输是由牵引车完成的。优化的首要目标是形成一个对接计划，使得迟到挂车的延迟最小；优化的次要目标是最小化挂车进出的加权完成时间。他们运用四种方法进行求解，即数学规划、分支定界算法、波束搜索过程以及禁忌搜索算法。

（2）公路运网中的TSRP问题。Francis等（2007）将牵引车和挂车视为两种资源，提出了多资源路径问题MRRP（Multi－Resource Routing Problem）。任务可以是预先定义好的（OD都给定），也可以是柔性的（任务的起点或终点靠模型选定）。

在Li等（2012）的研究中，车辆在挂车流动网络上被调度，决策包括两种类型：调用的牵引车台数和每台牵引车运作的路径。后续，Li等（2013a）和Li等（2013b）提出干线运输网络背景下的TSRP问题的模拟退火算法。他们借助MATLAB程序随机生成40个网络节点数为5～8的小规模随机算例，选择以我国山东省17地市为节点的干线运输网络，并辅以货运数据的实践算例，其随机算例和实践算例计算结果都表明，所采用的启发式算法具有可行性和有效性。

Li等（2015）的研究是在甩挂运输领域车辆调度方向现有的文献中水平较高的一篇。他们在城际干线甩挂运输中，将网络型甩挂运输定义为一种多对多需求的组合车辆（牵引车和半挂车）的路径问题（Tractor and Semitrailer Routing Problem with Many－to－many Demand，TSRP－MMD）。为了论证采用牵引车与半挂车组合的能源效率，该问题以每吨公里的二氧化碳排放量最小作为目标。利用改进的C－W节约算法，并辅以后续的改进策略和局部搜索阶段来求解TSRP－MMD问题。

李红启和吕潭（2015b）研究了系统中存在多个场站情形下的城际干线甩挂运输的牵引车调度优化问题，根据问题特点针对性地设计遗传算法中染色体编码和结构、遗传操作等关键环节。其求解结果表明，多场站的设置有助于减少车辆使用量。李红启等（2015a）依然针对城际干线甩挂运输展开研究，该文献注重开发新的求解算法，并相应地设计了模拟退火算法进行求解，其算法的主要策略包括运用复制操作实现可行邻域规模扩展，采用变步长，只采用外循环。最后利用山东省开展干线甩挂运输的实践数据作为算例，对模型和算法进行了验证。后续，李红启等（2016a）在城际干线甩挂运输问题中加入了牵引车和司机的连续工作时间这一约束条件，优化的目标是吨公里碳排放量最低。他们依然采用模拟退火算法求解山东省甩挂运输实践算例，创新之处在于添加了后处理操作以提升算法效果。

杨珍花等（2015）提出一种交叉甩挂模式，即马力大的牵引车可挂上不超过自身马力限制的不同车型的挂车，研究网络模式下的交叉甩挂牵引车调度问题，开发了混合模拟退火算法，求解并分析了牵引车和挂车在不同的匹配策略下的结果差异。后续，杨珍花等（2016）考虑空挂任务的 OD 无法预先确定的情形建立了网络模式下的牵引车调度优化模型，开发了一种两阶段的启发式算法快速有效地对问题进行求解。

杨光敏等（2016a）研究的是甩挂运输的轴辐式网络中存在着不同的任务类型，客户点处只保留集装箱，因此需要在装货前将挂车从挂车中心提取并送达客户点、卸完货后将挂车送回挂车中心。挂车中心在系统中分布的位置和数量以及任务的时间窗都会对目标函数产生影响，作者考虑这些因素构建了数学模型。即基于任务执行时间与时间窗之间的关系提出了任务紧迫度函数和惩罚函数，基于任务覆盖的路网距离提出了距离函数，并将任务分为紧急任务、普通任务以及超期任务，设计三阶段启发式算法进行求解，在结果中对车辆数量、挂车中心数量以及紧急任务数量的敏感性进行了分析。杨光敏等（2016b）依然研究的是轴辐式甩挂运输网络，构建了牵引车在该模式下的调度优化模型，并开发基于启发式规则的模拟退火算法对模型进行求解。

余莉等（2014）将配送网络转化为有向图，设计了启发式算法。

3. 滚装甩挂运输研究

李红启等（2014a）依托渤海湾地区潍坊港和营口港开展甩挂运输的背景，分析并确定该航线开通的优势市场容量、合理的运力资源配置和预计达到的效果，并给出了我国发展滚装甩挂的合理建议。

孙倩雯（2017）指出，甩挂运输的陆海联运，既具有多式联运的典型特征，又是属于“哑铃型”的、以两端港口为核心的“辐射型”甩挂运输。她分析了牵引车数量、任务数量、牵引车到港时间对运作模式的影响。范宁宁（2012）研究了烟台—大连航线采用滚装甩挂运输的现实应用，基于货物集疏港的现实情况，为牵引车调度问题建立数学模型，并开发节约启发式算法进行求解。

顾宇民（2015）将公路运输和江海联运通过甩挂的方式与长江滚装水运结合起来，通过理论分析水陆甩挂运输的可行性和必要性，以及实例对比分析纯陆路甩挂运输和不同的中转港口选择对整体运输成本的影响，证明水陆甩挂运输具有良好的推广价值。

4. 铁路驮背运输研究

国内针对铁路驮背运输的研究主要集中在四个方面。

（1）综述国外的驮背运输发展概况及运营模式。相关文献主要集中在20世纪八九十年代，主要是将欧美及日本发展驮背运输的先进经验和技术进行了介绍。

（2）从经济和社会等宏观背景分析驮背运输的可行性及定价策略。卢小芳（2015）选取40英尺集装箱及轮式汽车作为运输对象，对比分析了铁路运价与公路运输企业和运输市场运价，提出了驮背运输的定价策略。张国平等（2009）分析了在铁路运力虚靡地区开展驮背运输的必要性和可行性。韩东（2016）在对当前铁路计费方式进行测算的基础上，为铁路驮背运输在计费方式方面给出了相关建议。李臣等（2017）介绍了欧美驮背运输的发展现状和运输方式，并结合国外驮背运输的发展经验对我国驮背运输的发展提出建议。陈玥（2017）介绍了欧美发达国家铁路驮背运输的典型特征，并有对比性地对我国开展铁路驮背运输进行了SWOT分析，认为加强政策对铁路驮背运输的扶持力度、完善相关的规章制度和规范、帮助铁路驮背运输准确定位其货运市场的需求、加快加强驮背运输的信息化建设进程和力度，都是有效推动我国铁路驮背发展的措施。

（3）列车开行的组织优化。卢小芳（2015）运用OD量预测方法和Logit分担率预测模型，获得运距不同时驮背运输与公路运输的货物分担率，并建立了开行方案模型，借助功效系数法将模型进行模糊化处理，构造隶属度函数把多目标模型转化为单目标模型进行求解。张玉召（2014）在考虑货主需求偏好的基础上，研究了途中有换挂作业的快捷货物列车开行方案。

（4）车辆的技术参数和装载技术。吴必龙（2015）从铁路平车的技术参数角度设计装载方案并分析方案的适用性，同时从力学角度分析其承载能力和稳定性。

（四）VRP问题

关于VRP问题的研究起步较早，自1959年Dantzig和Ramser提出该问题以来，产生了大量的研究成果，针对该问题的研究十分成熟。从不同的角度对VRP问题进行分类可以获得很多分支。例如，从运输任务要求的角度分类，可以分为纯装货问题、纯卸货问题和装卸货混合问题；从车辆是否满载的角度分类，可以分为满载问题和非满载问题；从使用的车辆类型的角度分类，可以分为单车型和多车型问题；从装载的货物种类的角度分类，可以分为单一货种问题和多货种问题。同时，也形成了几种 VRP 领域内的主流问题，包括带时间窗的 VRP 问题（Vehicle Routing Problem with Time Windows，VRPTW）、有容量限制的 VRP 问题（Capacitated Vehicle Routing Problem，CVRP）、分割配送 VRP 问题（Split Delivery Vehicle Routing Problem，SDVRP）、带取送货的 VRP 问题（Pick and Delivery Vehicle Routing Problem，PDVRP）、环境友好 VRP 问题（Environmental Vehicle Routing Problem，EVRP），等等。

VRP 问题的研究已经相当成熟，本书仅综述近几年的部分研究成果。由于 VRP 问题的各类分支问题的界定已经非常清楚，近年的研究很少在新的问题背景下抽象出新的分支，而是基于已有的问题分类展开。在研究领域上关注降低碳排放、使用可替代能源车辆等环保方向，在技术手段上则集中于对一类问题的算法或者通用算法的改进上，仅有少部分文献提出了 VRP 问题新的组织运营模式或者将几种主流问题整合至同一背景下进行综合研究。

1. 低碳环保方面的研究

Zhang 等（2014）从环境角度研究有容量限制的车辆路径问题（Environmental Vehicle Routing Problem，EVRP），环境的影响是通过二氧化碳的排放量来衡量的。他们设计了混合人工蜂群算法进行求解，并通过数值实验证明该算法在平均性能上的提升，为 EVRP 的运营管理提供了现实依据。Erdogan 和 Miller - Hooks（2012）指出，绿色车辆路径问题可采用可替代燃料车辆，但存在车辆行驶距离有限及燃料补充设施有限等问题。为解决这些问题，建立混合整数规划模型，设计改进的 C - W 节约算法和基于密度的聚类算法进行求解。Yu 等（2017）提出了混合车辆路径问题，关注使用混合动力源的车辆，但燃料的利用需要考虑充电站或加油站的可获得性。其数学模型的优化目标是最小化总行驶成本，开发带有重启策略的模拟退火算法进行求解。数值实验的结果表明，车辆的类型和充电站的数量对总行驶成本有影响。

陈玉光和陈志祥（2015）在解决制造企业向多个客户配送产品的车辆路径优化问题中，兼顾准时交货的时间要求和车辆油耗对排放的影响，构建多目标优化模型，开发改进的粒子群算法进行求解。Jabali 等（2012）建立了考虑车辆旅行时间成本、燃料消耗成本和碳排放成本的模型，利用禁忌搜索算法进行求解。由于碳排放与车速息息相关，其模型中限制车辆的行驶速度，并在此基础上寻求燃料消耗成本与旅行时间成本之间的权衡。张如云和刘清（2015）构建了综合考虑低碳、节能和成本节约的城市车辆配送问题模型，以这三方面因素的经济成本最小化作为优化目标进行路径规划，设计遗传算法进行求解，证明考虑低碳化的路径安排比以最小里程为目标的路径安排使用的车辆数增多，但总成本降低。李进等（2015）研究了低碳环境下由第三方提供运输服务的车辆路径问题，同时考虑能耗、碳排放和租车费用，费用同时受到距离、需求量和车速的影响，提出考虑车辆运量和速度的能耗计算方法，建立非满载运输方式下的低碳路径模型，开发禁忌搜索算法进行求解。

吴丽荣等（2013）建立以最小化燃料消耗为优化目标的 CVRP 模型，提出了求解的两阶段算法。Xiao 等（2012）在传统 CVRP 问题中，引入与负荷相关燃料消耗率函数，建立以燃料消耗最低为目标的数学模型。他们设计模拟退火算法进行求解，结果表明，以燃料消耗最低为目标的 C－VRP 模型能够平均减少燃料消耗 5%，同时还讨论了影响燃料消耗变化的因素。

Pradenas 等（2013）研究如何减少带回程货的车辆路径问题中的温室气体排放，采用分散搜索对含有 100 个随机分布的客户点的系统进行了分析，结果表明，采用合作博弈的方法，不同运输公司联合运营能够减少温室气体排放，并降低运营成本。

李进和傅培华（2013）所研究的车辆路径问题中车辆数是固定

的，并且存在多种车型，建立非满载运输方式下具有固定车辆数的多车型低碳路径优化模型，设计了基于划分的多起点禁忌搜索算法对问题进行求解。

2. 求解算法方面的研究

徐云等（2016）研究了存在时间窗约束的多分拨中心的快递车辆路径问题，提出基于贪婪启发式方法的快速求解方法，并提出一种新的班车安排方式：环线班车 + 单边车。

葛显龙等（2013）设计量子遗传算法求解多车型车辆路径问题，他们采用量子比特位设计染色体结构，改进遗传算法中交叉与变异算子，避免优秀基因被破坏，设计快速寻优机制与最优保留机制，增强求解效率。

吴天羿等（2014）设计了与基本的遗传算法相比，求解速度更快、收敛效果更好的混合 NSGA - II 算法，求解有硬时间窗的多目标车辆路径问题，其目标函数包括配送总时间、调用车辆数和配送总费用三方面。刘欣萌等（2014）研究了单个配送中心带时间窗的车辆路径问题，以行驶时间最短和客户等待时间最小为目标函数、以服务时间窗与车辆载质量为约束条件、建立双目标优化模型，设计多智能体进化算法求解模型，并与遗传算法进行对比，证明其优越性。

Berbotto 等（2014）针对分割配送车辆路径问题（Split Delivery Vehicle Routing Problem，SDVRP）提出基于粒度邻域的禁忌搜索算法，其计算结果表明，该算法能够为很多 SDVRP 的基准实验求得更优的解。Archetti 等（2014）基于两个可提供最优下界值的松弛公式，为拆分配送车辆路径问题（SDVRP）给出了两种精确的分支—截断算法，并利用新方法求解 4 类基准实验。结果证明，新方法能够为其中的 17 个算例寻到最优解，而且，基于第一个松弛公式的分支—截断算法能够求解有 50 个客户的大多数算例与具有 75

个客户和100个客户的两个算例。刘旺盛等（2012）提出，如果客户节点的需求可以拆分的话，能够减少车辆的使用数量，降低配送成本。针对需求可拆分的车辆路径问题，他们分析了解的特征，证明了客户需求不宜拆分应满足的条件，并设计了符合解的特征的聚类算法。

孟祥虎等（2014）针对带时间窗的车辆路径问题，提出了混合种群增量学习算法（Hybrid Population – Based Incremental Learning Algorithm，HPBIL），同时最小化车辆数和总行驶距离。在HPBIL算法中，通过改进标准的PBIL概率模型以提高算法的全局搜索能力，同时设计了基于插入法和两点邻域交换法的两阶段局部搜索来增强算法的局部开发能力。何小锋和马良（2013）结合量子计算提出一种求解带时间窗的车辆路径问题的量子蚁群算法，通过定义人工蚂蚁的转移概率、增加量子比特启发式因子以及用量子旋转门实现信息素更新来提高算法的全局搜索能力。马华伟等（2012）所研究的车辆路径问题中，客户节点要求在几个不同的时间区间内分别访问，这属于分割配送且存在多时间窗问题。他们建立了允许分割配送的多时间窗车辆调度问题的数学模型，并利用改进的蚁群算法进行求解。

李锋和魏莹（2014）针对带容量约束的车辆路径问题，研究道路的通过时长随着时间的变化而变化，并综合考虑行驶距离、行驶时间等多项目标下车队的最佳路线安排。他们设计模拟退火算法与遗传算法相结合的多目标混合遗传算法，求解问题的最优帕累托集合。

Kassem和Chen（2013）研究带时间窗的逆向物流车辆路径问题，建立了混合整数规划模型，设计启发式方法求解模型以获得初始解，后续采用模拟退火算法对初始解进行改进。

潘立军和符卓（2012a）提出，当前求解带时间窗的车辆路径问题的算法中，在插入监测过程中采用的检测时间窗口约束是否满足的方法存在效率不高的缺点，针对此缺点设计了基于时差的插入检测法，证明了该方法具有更高的检测速度。潘立军和符卓（2012b）基于时差的插入法设计了求解带时间窗取送货问题的遗传算法，并利用56个基准算例验证了该算法的优势。

3. 其他方面的研究

部分文献在某一类VRP分支问题中引入新的问题特点，或者在同一问题背景下将几种VRP分支问题整合在一起进行车辆的调度优化。

符卓等（2017）考虑客户需求依订单拆分和客户对于被服务时间的要求，针对带软时间窗的需求依订单拆分车辆路径问题及其优化算法进行研究。邵举平等（2015）在生鲜农产品配送中，利用模糊隶属度函数表示时间窗，利用生鲜度损耗系数反映农产品价格的下降。其数学模型中包括配送总成本最低和顾客满意度最高两个目标。

蔡婉君等（2014）将配送期由单一配送期延伸至多配送期，形成周期性车辆路径问题（PVRP），其实质是一个内嵌VRP的问题。他们设计蚁群算法对PVRP进行求解，并提出运用多维信息素和基于扫描法的局部优化方法来提高算法性能。

饶卫振等（2014）创新性地在VRP问题中考虑道路坡度因素，提出了以配送车辆总能耗最小为目标的低碳车辆路径问题模型（Energy Consumption Minimizing Low－Carbon VRP，ECM－LCVRP），并以带能力约束的车辆路径问题（CVRP）为参照，分析了ECM－LCVRP的解空间大小及基本算法改进规则在ECM－LCVRP中的执行复杂度。此外，还提出了求解不同道路坡度环境下ECM－LCVRP的双目标策略。

Escobar等（2013）提出两阶段混合启发式算法求解有容量限

制的选址—路径问题，以确定需要开放的仓库、分配给每个仓库的车辆、每个仓库需要服务的客户点以及车辆的行驶路径。优化目标是最小化仓库开放使用的成本、车辆启用的固定成本以及与路径长度相关的可变成本之和。

刘家利和马祖军（2013）提出了一类具有多个配送中心、需要进行车辆租赁和车辆共享、有时间窗限制、开环的 VRP。通过引入一个虚拟配送中心，将多配送中心 VRP 转化为单配送中心 VRP，设计了一种结合扫描算法和 C－W 节约算法、对车辆路径和车辆调度统筹优化的混合遗传算法进行求解，并通过企业实际业务数据进行了模型和算法有效性的验证。

Zhang 等（2013）考虑到车辆行驶时间和服务时间的不确定性，将准时交货的配送问题规划为一个带软时间窗的随机车辆路径问题。其数学模型的目标函数是最小化承运人方的总成本，同时保证每个客户点车辆到达的可能性满足最小概率要求，求解的目标是找到承运人的总成本与客户节点服务水平之间的最佳平衡。

孙国华（2012）针对运输任务对车辆具有独占性的特点，分析得到总运输费用的大小取决于车辆的空车运行费用，基于此，将带时间窗的开放式满载车辆路径问题转化为带时间窗的多车场开放式车辆路径问题，利用改进的自适应遗传算法进行开环路径求解。

Bortfeldt（2012）在有容量约束的车辆路径问题中引入三维空间的装载限制，将车辆路径和空间上的包装约束结合起来。路径的优化采用禁忌搜索算法，装载的优化采用树搜索算法，将二者结合形成有效的混合算法进行求解，并利用基准实验验证了算法的优势。

三、研究现状分析

本章针对广义甩挂运输的外延，介绍了 TTRP、RRVRP 和 TSRP 三大类问题的研究现状。其中，TTRP 问题以及 RRVRP 问题中车辆运作模式比较单一，即使对车辆运作模式进行拓展，也仅仅局限于设施设备数量、时间窗、作业时限等次要方面，但问题的主干部分却十分接近。相应的研究主要是外文文献，早期依托国外现实情境将问题提取出来（如 TTRP 问题来源于农场生牛奶的收集问题，RRVRP 问题来源于车辆回收医院的医疗垃圾背景），逐步完善精练，形成了学术界公认的两大类调度优化问题，并集中展开研究。研究的重点在于求解算法的改进和求解效果的提升。由于汽车列车这种车辆形式在我国受到政策、设施等因素的制约，并未得到推广，因此国内针对 TTRP 和 RRVRP 的研究极少。针对 VRP 问题的研究成果可以为本书提供借鉴的地方主要在于其求解算法的设计思路。

在我国，普遍采用的甩挂运输车辆形式是“牵引车 +1 台半挂车”，该车辆形式对应的 TSRP 问题在国内得到了广泛研究。甩挂运输处于发展初期，对 TSRP 问题的研究较多但方向比较分散，主要集中在宏观评价、调度优化等方面。另外，甩挂运输的海公联运、公铁联运还涉及滚装甩挂运输和铁路驮背运输，针对这两方面也有部分文献进行研究，主要集中在政策环境分析与建议、可行性评价与模式探讨、调度优化等方面。

因此可以看出，针对 TSRP 问题的调度优化方面的研究并不充足，主要集中在求解算法的改进方面，并未很好地基于现实背景进行模式的创新。本书在多种甩挂运输模式下进行牵引车作业的调度优化研究，能有效填补当前研究的空白，其必要性主要表现在以下几个方面：

（1）滚装甩挂是甩挂运输中一种十分重要的模式，该模式的瓶颈就在于滚装码头内部的作业调度。滚装船作业舱容的限制、多船同步作业给调度增加的困难、滚装船在港停时的约束，都增大了牵引车在滚装码头的调度困难，但现有研究中并未出现相关文献，因此针对滚装码头挂车上下船的牵引车调度优化非常必要。

（2）在牵引车作业的过程中，空挂运输经常是一种不可避免的无效作业，其OD的确定往往对整体的运作成本产生很大影响。在现有研究中，空挂任务鲜少被考虑，即使被考虑，也被认为是确定性的，或者是在重挂任务执行间隙顺带执行的附属任务。因此，在空挂任务不确定模式下进行牵引车的调度优化可以令系统整体的调度方案更加合理。

（3）现有关于TSRP问题的研究中很少提及甩挂运输的多车型问题，仅有Tang和Li（2009）在其研究中有所提及，但并未针对多车型交叉甩挂模式的优势进行定量研究。牵引车与不同类型的挂车实现“兼容”是业界推动甩挂运输联盟发展的一大诉求，对该模式下的牵引车调度优化问题展开研究，可以为行业发展提供推动力量与决策支持。

（4）关于TSRP问题的研究中，牵引车在执行某项任务时，一旦从起点挂上这一挂车，未到达该挂车的目的地之前是不可以将该挂车摘下的。但参考TTRP问题的运作模式加之甩挂运输路网的复杂性，若牵引车可以在中途摘下挂车，能够使问题获得更大的优化空间，而且现实中已经有企业尝试这种新的运作模式。针对牵引车可中途甩挂的运作模式进行调度优化研究，可以推动甩挂运输尝试朝着新的方向发展。

第三章

滚装甩挂模式下的牵引车调度优化

滚装甩挂模式下牵引车的调度关键在于滚装码头内部，主要有两大原因增加了滚装码头牵引车作业调度的难度：一是车辆开上滚装船后，停留在船舱底部区域，由于该区域空间有限，而且牵引车要将挂车按照划定的车位停放好，需要进行缓慢调整，因此该区域可允许同时存在的牵引车数量有限；二是滚装码头不同的滚装船在港停时有重叠，经常会出现多艘滚装船的挂车同时进行上下船拖带作业的情况。为了提高牵引车在滚装码头内部运作的效率，节约滚装码头整体运营的成本，本章研究如何优化滚装码头内部牵引车的作业调度。

一、研究背景

甩挂运输和滚装运输都是提高运输效率的有效方式，二者作用机理不同。甩挂运输的牵引车和挂车以组合的形式进行货物运输，到达目的地后可以自由分离，牵引车再与其他挂车自由组合，为牵引车节约了等待挂车装卸的时间；滚装运输则利用运输车辆载运货物直接开上滚装船，车辆在船舱内部固定，随船运输，到达目的港口后车辆直接开下滚装船，实现“门到门”运输，该方式节约的是货物在两端码头垂直装卸的时间，在海湾和海峡等区域比较常见。为了将两种运输方式进行有机结合，最大化地提高运输效率，从2005 年起，交通部就在渤海湾推动滚装甩挂的开展。

以大连—烟台航线为例，滚装船在一天内可以完成往返航程，因此在两端港口的停留时间较短。同时，船舱内部的作业空间相对狭小，可同时容纳的牵引车数量少。调度者一定要根据船舶的在港时间、牵引车的资源限制、待完成的任务数量和时间窗来合理调配牵引车的运作路径，使牵引车在挂车上下船、堆场和仓库之间的挂车运输这两大类任务之间实现高效作业，降低系统整体成本。因此，研究滚装码头牵引车作业调度优化有着重要的现实意义。

基于大连湾滚装码头的运作情况，考虑到多船同时进行挂车上下船作业的情境，以及滚装船作业舱容的限制，本章研究一个决策期内滚装码头内部牵引车的作业调度优化，建立牵引车作业调度的数学模型，在分析问题特点的基础上，推导目标函数的下界值，开发模拟退火算法求解算例，并与下界值进行对比，以获得更优的调度方案，验证模型和算法的有效性。

二、问题描述

如图 3 - 1 所示，滚装码头内部的甩挂运输系统主要包括三部分，分别是滚装船、仓库和挂车堆场。仓库为有拼货需求的挂车提供拼装服务，挂车堆场的功能是存放进入码头等待装船的挂车以及从船上卸下等待疏运的挂车。图 3－1 给出了挂车上船作业的流程。

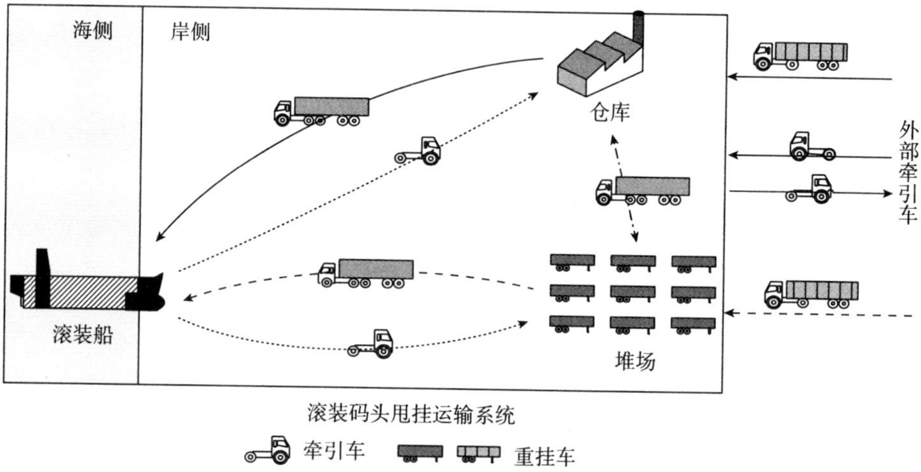

图 3－1　滚装码头甩挂运输系统布局及上船作业流程

挂车上船之前已经装好货，需要拆装作业的挂车由外部牵引车送至仓库进行操作，其他的挂车由外部牵引车拖带送至堆场等待上船，外部牵引车离开。当滚装船靠岸停泊后，首先由内部牵引车将船舱内的挂车拖带下船，相应地送至堆场或者仓库，其次对船舶进行检修维护作业，最后，堆场和仓库的挂车开始由内部牵引车拖带上船。

在牵引车拖带挂车上船的作业过程中，由于存在船舱空间的约束，同时在船舱内部进行摘挂作业的牵引车数量有限，超出这一限制后，后续到达滚装船的牵引车只能在码头前沿等待，等到船舱内的牵引车离开后才可以进入到船舱内。另外，仓库的空间资源和设备资源都有限，一些待拼装或者已完成拼装的挂车需要存放在堆场上，所以，堆场和仓库之间也会有挂车运输的需求。当所有的上船任务都完成后，牵引车才回到其相应的停靠点。

由于航程较短，航行环境比较稳定，滚装船的船期非常固定，在一个决策期内，多艘滚装船按照班次时刻表到达或者离开滚装码头。每一艘滚装船在港停泊的时间都是有限的，且都有若干挂车的下船和上船任务。这些任务需要牵引车在滚装船与仓库、滚装船与堆场之间执行，并且有着严格的最早开始时间和最晚结束时间，本章将该部分任务称为滚装船相关任务。而挂车在仓库和堆场之间的运输则没有如此严格的时间约束，本章将该部分任务称为非滚装船相关任务。

另外，当有两艘或者多艘滚装船在港口的停靠时间产生重叠时，就会出现多船同步作业的情形，此时还需要协调牵引车在多艘船之间的作业调度，在有限的牵引车资源条件下令所有任务都按时有序完成。以大连—烟台航线的滚装船运营时刻表为例，在一个决策期内（本章设定为第一天的8：00至第二天的8：00），滚装船在大连湾滚装码头的停靠情况如图3－2所示。

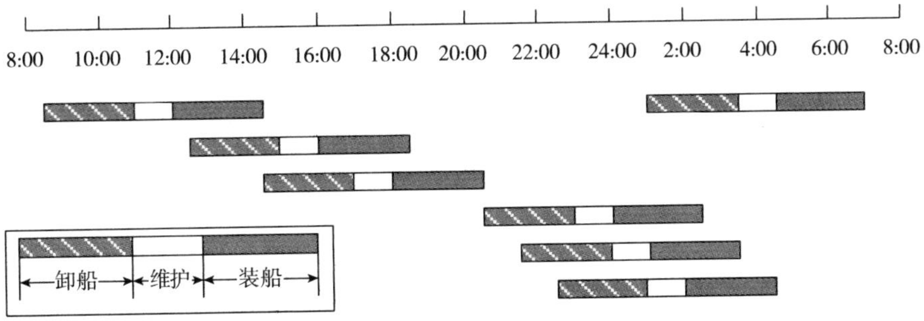

图3－2　决策期内船舶在港停留时间分布

三、数学模型

（一）假设条件

（1）在一个决策期内，到达港口的滚装船数量以及每艘滚装船到港、离港时刻和上下船作业时间是已知的。

（2）每艘靠港的滚装船需要卸下的挂车数以及待上船的挂车数已知。

（3）靠港作业的持续时间与牵引车资源足以完成所有的任务。

（4）一台牵引车每次只允许拖带一辆挂车运行。

（5）牵引车在两艘滚装船之间、滚装船与堆场之间、滚装船与仓库之间、堆场与仓库之间的运行时间是已知的。

（二）符号说明

1. 参数

T_0：决策期的开始时刻。

T：决策期的时间跨度。

P：在决策期内到达码头的滚装船总艘数。

p：为第 p 艘到达码头的滚装船赋予的编号。

t_p：第 p 艘到达码头的滚装船的靠港时刻。

T_1：滚装船进行下船作业所需的时间跨度。

T_2：滚装船进行维护作业所需的时间跨度。

T_3：滚装船进行上船作业所需的时间跨度。

$N_{p\alpha}^{\beta}$：与第 p 班滚装船相关的上下船任务，定义如下：

$$N_{p\alpha}^{\beta}\begin{cases}\text{第 } p \text{ 班滚装船的所有拖至堆场的下船任务集合，} \alpha=1, \beta=1 \\ \text{第 } p \text{ 班滚装船的所有拖至仓库的下船任务集合，} \alpha=1, \beta=2 \\ \text{第 } p \text{ 班滚装船的所有从堆场出发的上船任务集合，} \alpha=2, \beta=1 \\ \text{第 } p \text{ 班滚装船的所有从仓库出发的上船任务集合，} \alpha=2, \beta=2\end{cases}$$

N_1：在决策期内需要从堆场拖带至仓库的挂车任务集合。

N_2：在决策期内需要从仓库拖带至堆场的挂车任务集合。

N：在决策期内所有待拖带的挂车任务集合，$N = N_1 \cup N_2 \cup (\bigcup_{\forall p,\alpha,\beta} N_{p\alpha}^{\beta})$。

i，j：挂车任务的编号。

U_1：用以代表牵引车开始执行任务的虚拟任务。

U_2：用以代表牵引车结束执行任务的虚拟任务。

T_{r-r}：一台牵引车拖带一辆挂车完成上船任务或者下船任务时，在船舱内所需的时间。

D：滚装船的船舱空间可允许同时作业的最大牵引车数量。

T_{Δ}：牵引车摘下或者挂上一辆挂车需要的操作时间。

T_{∇}：牵引车在滚装码头内部任意的两个节点之间运行所需要的时间。

t_i：牵引车完成任务 i 需要消耗的时间。

K：牵引车的总数。

k：牵引车的编号。

f：决策期内一台牵引车的固定成本，主要包括车辆自身的折旧、维修以及驾驶员的工资等。

c：决策期内一台牵引车运行单位时间的可变成本，主要指燃油消耗。

c'：决策期内一台牵引车处于等待状态时，单位时间损失的机会成本。

$[E_i, L_i]$：任务 i 被执行的时间窗要求，开始执行的时间不早于 E_i，完成的时间不晚于 L_i，E_i 和 L_i 的定义分别如下：

$$E_i = \begin{cases} t_p, & i \in N_{p1}^{\beta}, \beta \in \{1,2\} \\ t_p + T_1 + T_2, & i \in N_{p2}^{\beta}, \beta \in \{1,2\} \\ 0, & i \in N_1 \cup N_2 \end{cases}$$

$$L_i = \begin{cases} t_p + T_1, & i \in N_{p1}^{\beta}, \beta \in \{1,2\} \\ t_p + T_1 + T_2 + T_3, & i \in N_{p2}^{\beta}, \beta \in \{1,2\} \\ T, & i \in N_1 \cup N_2 \end{cases}$$

2. 决策变量

t_k^0：牵引车 k 在滚装码头内部开始工作的时刻。

$Y_{ik} \in \{0, 1\}$，$i \in N$，$\forall k$：如果任务 i 被牵引车 k 执行，其值为 1，否则为 0。

$Z_{ijk} \in \{0, 1\}$，i，$j \in N$，$\forall k$：如果 i，j 两项任务连续被牵引车 k 执行，其值为 1，否则为 0。

3. 由决策变量决定的状态变量

w_p^u：第 p 艘滚装船上第 u 项被执行的任务编号，$w_p^u \in N_{p\alpha}^{\beta}$，$\alpha$，$\beta \in \{1, 2\}$。该变量是由牵引车执行的任务序列和牵引车开始工作的时刻确定的，牵引车执行的任务序列是由决策变量直接决定的，牵引车开始工作的时刻也是一项决策变量，这样每项任务开始被执行的时刻可以确定，同一艘滚装船上的任务根据各自开始被执行的时刻进行排序，便推导出 w_p^u。

t_{ij}：两项任务 i 和 j 之间的作业准备时间，也就是牵引车从前一项任务 i 的终点行驶至后一项任务 j 的起点所需的时间。以某一艘滚装船靠岸作业为例，滚装码头内部共有 6 种任务需要被执行，任意两种类型的任务连续被执行，便会存在36种两项任务之间的作业准备时间，具体如下：

$$t_{ij}=\begin{cases}0, & (i,j)\in\{(N_{p1}^{1},N_{1}),(N_{p1}^{2},N_{2}),(N_{1},N_{p2}^{2}),\\ & (N_{1},N_{2}),(N_{2},N_{p2}^{1}),(N_{2},N_{1})\}\\ \infty, & (i,j)\in\{(N_{p1}^{\beta},N_{p2}^{\beta}),(N_{p2}^{\beta},N_{p1}^{\beta})\},\beta\in\{1,2\}\\ T_{\triangledown}, & others\end{cases}$$

$$Z_{ijk}=1,\forall p$$

从中可以看出，当码头只有一艘滚装船停靠时，上船的挂车任务和下船的挂车任务不会同时出现，所以当紧前紧后两项任务方向不同时，作业准备时间是∞。当码头有两艘及以上的滚装船停靠且作业时间有重叠时，如果连续的两项任务分别属于第 p 艘滚装船和第 p' 艘滚装船，并且 $t_p\leqslant t_{p'}$，此时二者之间的作业准备时间则为：

$$t_{ij}=\begin{cases}T_{\triangledown},(i,j)\in\{(N_{p1}^{\beta},N_{p'1}^{\beta}),(N_{p'1}^{\beta},N_{p1}^{\beta})\},t_{p'}<t_p+T_1\\ T_{\triangledown},(i,j)\in\{(N_{p2}^{\beta},N_{p'1}^{\beta}),(N_{p'1}^{\beta},N_{p2}^{\beta})\},t_{p'}<t_p+T_1+T_2<\\ t_{p'}+T_1\\ T_{\triangledown},(i,j)\in\{(N_{p2}^{\beta},N_{p'2}^{\beta}),(N_{p'2}^{\beta},N_{p2}^{\beta})\},t_{p'}+T_1+T_2<t_p+\\ T_1+T_2+T_3\\ \infty,others\end{cases}$$

$$Z_{ijk}=1,\ \beta\in\{1,\ 2\},\ \forall(p,\ p')$$

t_i^0：牵引车行驶到任务 i 的起点的时刻，具体如下：

$$t_i^0=\begin{cases}t_k^0, & Z_{U_1ik}=1,\ k\in\{1,\ 2,\ 3,\ \cdots,\ K\}\\ t_j^5+t_{ij}, & Z_{jik}=1,\ k\in\{1,\ 2,\ 3,\ \cdots,\ K\},\ j\in N\end{cases}$$

t_i^1：牵引车停留在任务 i 的起点等待执行该任务时消耗的时间，该变量只有涉及滚装船相关任务时才会存在。如果任务 i 属于下船任务，牵引车前往执行该任务时主要会因为两方面的原因产生等待时间：一是牵引车到达该任务起点的时刻比该任务时间窗要早，此时牵引车需要等待至时间窗较小时刻才能开始作业；二是此时船舱内部容纳的牵引车数量已经达到最大值，无法再允许其他的牵引车进入船舱，这种情况下新到达滚装船的牵引车必须在滚装船之外暂时等待。因此，对于下船任务 w_p^u 而言，

$$t^1_{w_p^u}=\begin{cases}E_{w_p^u}-t^0_{w_p^u}, & t^0_{w_p^u}<E_{w_p^u},\ w_p^u\in N_{p1}^{\beta},\ \beta\in\{1,2\},\ \forall p\\ 0, & u\in\{1,2,\cdots,D\},\ t^0_{w_p^u}\geqslant E_{w_p^u},\ \forall p\\ \max\{0,\ t^2_{w_p^{u-D}}-t^0_{w_p^u}\}, & u\in\{4,5,\cdots,|N_{p1}^{\beta}|\},\ \beta\in\{1,2\},\\ & t^0_{w_p^u}\geqslant E_{w_p^u},\ \forall p\end{cases}$$

如果任务 i 属于上船任务，牵引车在该任务的起点产生等待的原因只有一个，即是牵引车到达该任务起点的时刻比该任务的时间窗要早，此时，

$$i\in N_{p2}^{\beta},\ \beta\in\ \{1,2\},\ \forall p,\ t_i^1=\begin{cases}E_i-t_i^0,\ t_i^0<E_i\\ 0,\ t_i^0\geqslant E_i\end{cases}$$

t_i^2：牵引车从任务 i 的起点离开的时刻，具体如下：

$$t_i^2=\begin{cases}t_i^0+t_i^1+T_{r-r},\ i\in N_{p1}^{\beta},\ \beta\in\{1,2\},\ \forall p\\ t_i^0+T_{\Delta}+t_i^1,\ i\in N/N_{p1}^{\beta},\ \beta\in\{1,2\},\ \forall p\end{cases}$$

t_i^3：牵引车行驶至任务 i 的终点的时刻，$t_i^3=t_i^2+T_{\nabla}$。

t_i^4：牵引车在任务 i 的终点等待时消耗的时间。由于牵引车在该任务的起点处已经被约束在时间窗之内，所以在该任务的终点处，并不会因为早于时间窗到达而产生等待时间。在任务的终点处，牵引车产生等待的原因只可能是船舱内同时存在的牵引车数量已经达到最大值，无法容纳新的牵引车进入。而且，只有上船任务才会出现这种情况，即针对上船任务 w_p^u，有：

$$t_{w_p^u}^4=\begin{cases}0, & u\in\{1,2,\cdots,D\},\ \forall p\\ \max\{0,\ t_{w_p^{u-D}}^5-t_{w_p^u}^3\}, & u\in\{4,5,\cdots,|N_{p2}^{\beta}|\},\ \beta\in\{1,2\},\ \forall p\end{cases}$$

t_i^5：牵引车离开任务 i 的终点的时刻，具体如下：

$$t_i^5=\begin{cases}t_i^3+t_i^4+T_{r-r}, & i\in N_{p2}^{\beta},\ \beta\in\{1,2\},\ \forall p\\ t_i^3+t_i^4+T_{\Delta}, & i\in N/N_{p1}^{\beta},\ \beta\in\{1,2\},\ \forall p\end{cases}$$

t_k^{end}：牵引车 k 结束工作的时刻。

（三）模型建立

目标函数：

$$\min\sum_{k=1}^{K}\left|\frac{\sum_{i=1}^{N}Y_{ik}}{|N|}\right|f+c\sum_{k=1}^{K}\sum_{i,j\in N}(t_i+t_{ij}Z_{ijk})+c'\sum_{p=1}^{P}\sum_{\alpha,\beta\in\{1,2\}}\sum_{i\in N_{p\alpha}^{\beta}}(t_i^1+t_i^4) \tag{3-1}$$

约束条件：

$$t_i^0\geqslant t_k^0Y_{ik},\ i\in N,\ \forall k \tag{3-2}$$

$$t_i^5\leqslant t_k^{end}Y_{ik},\ i\in N,\ \forall k \tag{3-3}$$

$$t_k^0,\ t_k^{end}\in[T_0,\ T_0+T],\ \forall k \tag{3-4}$$

$$(t_i^5+t_{ij})Z_{ijk}\leqslant t_j^0,\ i,\ j\in N,\ \forall k \tag{3-5}$$

$$\sum_{k=1}^{K}Y_{ik}=1\quad i\in N \tag{3-6}$$

$$t_{w_p^u}^0+t_{w_p^u}^1\leqslant t_{w_p^{u+1}}^0+t_{w_p^{u+1}}^1,\ u\in\{1,2,\cdots,|N_{p1}^{\beta}|\},\ \alpha,\ \beta\in\{1,2\},\ \forall p \tag{3-7}$$

$$t_{w_p^u}^3+t_{w_p^u}^4\leqslant t_{w_p^{u+1}}^3+t_{w_p^{u+1}}^4,\ u\in\{1,2,\cdots,|N_{p2}^{\beta}|\},\ \alpha,\ \beta\in\{1,2\},\ \forall p \tag{3-8}$$

$$t_{w_p^{u+D}}^0+t_{w_p^{u+D}}^1\geqslant t_{w_p^u}^2,\ u\in\{1,2,\cdots,|N_{p1}^{\beta}|-D\},\ \beta\in\{1,2\},\ \forall p \tag{3-9}$$

$$t^3_{w_p^{u+D}} + t^4_{w_p^{u+D}} \geqslant t^5_{w_p^u},\ u \in \{1, 2, \cdots, |N_{p2}^{\beta}| - D\},\ \beta \in \{1, 2\},\ \forall p \tag{3-10}$$

$$E_i \leqslant t_i^0 + t_i^1 \leqslant L_i,\ i \in N \tag{3-11}$$

$$E_i \leqslant t_i^5 \leqslant L_i,\ i \in N \tag{3-12}$$

$$\sum_{i \in N} Z_{ijk} \leqslant Y_{jk}, j \in N, \forall k \tag{3-13}$$

$$\sum_{j \in N} Z_{ijk} \leqslant Y_{ik}, i \in N, \forall k \tag{3-14}$$

$$Y_{ik},\ Z_{ijk} \in \{0, 1\} \tag{3-15}$$

式（3－1）以系统总体成本最低为目标函数，总体成本的第一项是系统启用牵引车耗费的固定成本，第二项是系统中牵引车作业耗费的可变成本，第三项是牵引车因等待产生的机会成本。相较于后续章节的三种其他模式，该模式下目标函数的可变成本和机会成本都以时间来计量，是因为滚装码头内部区域相对较小，牵引车经常存在调头、停止等宏观上“不动”的状态，以距离来衡量是不准确的，因此应采用时间来对可变成本和机会成本加以计量。式(3－2)和式（3－3）共同保证牵引车执行任务的时间不超过其自身的工作时间要求。式（3－4）确保牵引车的工作时间不超过决策期限制。式（3－5）约束紧前紧后两项任务的执行时间不产生冲突。式（3－6）保证每一项任务仅由一台牵引车来执行。式(3－7)和式（3－8）共同约束早到滚装船的牵引车早上船。式(3－9)和式（3－10）约束船舱内同时工作的牵引车数量不可以超出上限。式（3－11）和式（3－12）约束任务的作业时间在其相应的时间窗范围之内。式（3－13）和式（3－14）联合保证一项挂车任务至多有一项紧前或紧后任务。式（3－15）表示决策变量的取值范围约束。

四、理论下界值推导

要使目标函数达到最优，需要降低系统整体的固定成本、运营成本和机会成本。固定成本的降低依赖于减少牵引车的使用数量，运营成本和机会成本的降低则依赖于提高牵引车的工作效率，尽量减少牵引车等待情况的发生，减少同一台牵引车前后两项任务之间无效的作业准备时间。牵引车完成一项滚装船相关任务需要的时间为 $\Lambda = T_{\Delta} + 2T_{\nabla} + T_{r-r}$，完成一项非滚装船相关任务需要的时间为 $\Psi = 2T_{\Delta} + T_{\nabla}$，本节针对下界值所做的推导分为滚装船在港时间无交叉和滚装船在港时间有交叉两大方面。

（一）滚装船在港时间无交叉情形

1. 使用的牵引车数量的下界 LB_V

使用的牵引车数量的下界在推导的过程中需要满足以下三个方面的要求：第一，系统中使用的牵引车的数量应当保证能够完成所有的挂车任务；第二，因为滚装船在港停泊时间有限，滚装船相关任务只能在其相应的时间窗内执行，使用牵引车的数量还应当能够完成所有的滚装船相关任务；第三，如果决策期内滚装船相关任务的数量过多时，非滚装船相关任务的执行时间便受到了压缩，这种情况下，牵引车的数量同时需要保证非滚装船相关任务能够在决策期内完成。针对这三方面的要求，使用的牵引车数量的下界推导如下：

（1）保证决策期内完成所有任务的牵引车数量下界 LB_{V1}，其计算公式如下：

$$LB_{V1} = \left\lceil \frac{\Lambda \sum_{p=1}^{P} \sum_{\alpha,\beta \in \{1,2\}} |N_{p\alpha}^{\beta}| + \Psi |N_1 \cup N_2|}{T} \right\rceil$$

（2）保证滚装船相关任务在其对应的时间窗内完成的牵引车数量下界 LB_{V2} 如下：

$$LB_{V2} = \max \left\{ \left\lceil \frac{\max\{|N_{p1}^{\beta}|\} \Lambda}{T_1} \right\rceil, \left\lceil \frac{\max\{|N_{p2}^{\beta}|\} \Lambda}{T_3} \right\rceil \right\}, \quad \forall p,$$

$\beta \in \{1, 2\}$

（3）保证非滚装船相关任务在决策期内完成的牵引车数量的下界 LB_{V3} 如下：

$$LB_{V3} = \left\lceil \frac{\Psi |N_1 \cup N_2|}{T_2 P + T_{non} + T_{left}} \right\rceil$$

式中，T_{non} 表示在决策期之内没有滚装船在港口停靠的时间，T_{left} 表示在执行滚装船相关任务时，完成上下船作业之后可用于执行非滚装船相关任务的剩余运力资源。在初始状态下，令 $T_{left}=0$，经过反复迭代可获得 T_{left} 的最终值。具体求解如下：

$$\begin{aligned} T_{left} &= \sum_{p=1}^{P} \sum_{\beta \in \{1,2\}} \left[(LB_V \cdot T_1 - \Lambda \cdot |N_{p1}^{\beta}|) + (LB_V \cdot T_2 - \Lambda \cdot |N_{p2}^{\beta}|) \right] \\ &= \sum_{p=1}^{P} \sum_{\beta \in \{1,2\}} \left[LB_V(T_1 + T_2) - \Lambda(|N_{p1}^{\beta}| + |N_{p2}^{\beta}|) \right] \end{aligned}$$

综合这三方面可以确定，系统中使用的牵引车数量的下界为：

$LB_V = \max\{LB_{V1}, LB_{V2}, LB_{V3}\}$

2. 牵引车运营时间的下界 LB_T

在决策期内牵引车总运营时间包括两部分：执行任务所必需的时间和两项任务之间的作业准备时间。

（1）牵引车执行任务本身所必需的时间 LB_{T1}，其计算公式如下：

$$LB_{T1} = \Lambda \sum_{p=1}^{P} \sum_{\alpha,\beta \in \{1,2\}} |N_{p\alpha}^{\beta}| + \Psi |N_1 \cup N_2|$$

（2）从整体来看，两项任务之间的作业准备时间的大小取决于非滚装船相关任务在两个方向上的任务数量的不平衡程度。在执行滚装船相关任务期间，牵引车可以在空闲时执行部分非滚装船相关任务，应对这种不平衡进行一定的修补，可以修补的数量如下：

$$N_f = \sum_{p=1}^{P} \left(\left| \frac{T_1 - \dfrac{|N_{p1}^{\beta}|\Lambda}{LB_V}}{\Psi} \right| \right) LB_V + \sum_{p=1}^{P} \left(\left| \frac{T_3 - \dfrac{|N_{p2}^{\beta}|\Lambda}{LB_V}}{\Psi} \right| \right) LB_V, \beta \in \{1,2\}$$

即：

$$N_f = \sum_{p=1}^{P} \left(\left| \frac{T_1}{\Psi} - \frac{|N_{p1}^{\beta}|\Lambda}{\Psi LB_V} \right| \right) LB_V + \sum_{p=1}^{P} \left(\left| \frac{T_3}{\Psi} - \frac{|N_{p2}^{\beta}|\Lambda}{\Psi LB_V} \right| \right) LB_V, \beta \in \{1,2\}$$

因此系统内总体的不平衡程度 $N_u = \| N_1 | - | N_2 \|$，则牵引车耗费的作业准备时间的下界 $LB_{T2} = T_{\nabla}(N_u - N_f)$。

牵引车总体运营时间的下界 $LB_T = LB_{T1} + LB_{T2}$。

（3）牵引车等待时间的下界 LB_O。机会成本是由牵引车到达任务起点的时间早于其时间窗，导致牵引车等待，或者牵引车在滚装船外排队等待造成的。

1）牵引车执行一项滚装船相关任务所需的时间为 $\Lambda = T_{r-r} + T_{\Delta} + 2T_{\nabla}$。一艘滚装船的船舱内部可以允许同时作业的牵引车数量为 D，此处将船舱入口处视为存在 D 条并列的牵引车通道，各条通道之间互不干扰。以牵引车执行某滚装船的下船任务为例，在并列通道中的某一条不产生拥堵等待的情况下，该通道内连续的两台牵引车作业的各时间节点的关系如图 3-3 所示。

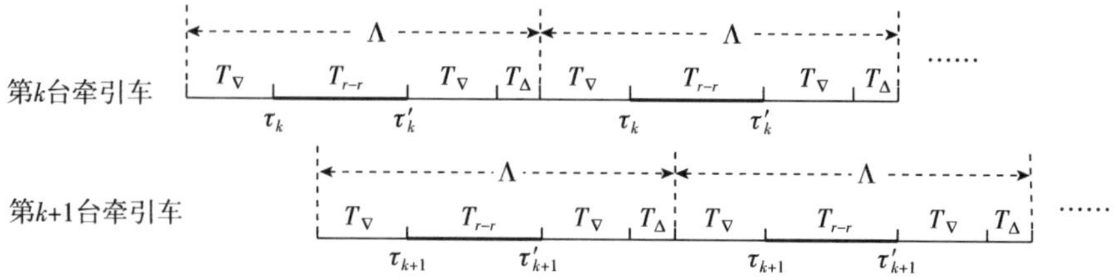

图 3－3　同一通道连续两台牵引车进出时间情况

注：τ_k 和 τ'_k 分别表示第 k 台牵引车进入、离开船舱的时刻。

从中可以看出，在不发生等待的前提下，某一条通道最多能够处理的任务数为 $\left|\dfrac{2T_{\nabla}+T_{\Delta}}{T_{r-r}}\right|+1$，一共存在 D 条并列的通道，所以在某一艘滚装船停靠期间，为该船执行任务的牵引车在不等待的情况下能够执行的最大任务量是 $ub_V=D\left(\left|\dfrac{2T_{\nabla}+T_{\Delta}}{T_{r-r}}\right|+1\right)$。同时，滚装船按照自身的空间资源限制，最多只能容纳如此多的挂车进入船舱。所以，在理想状态下，滚装船外牵引车不存在拥堵等待的情形。

2）牵引车早于待执行任务的时间窗到达而产生等待，是因为牵引车在执行滚装船相关任务的过程中，非滚装船相关任务的数量较少，不能完全填补时间上的空缺，而滚装船相关任务的时间窗又严格限制了牵引车开始执行任务的时间。牵引车总的等待时间为 $LB_O=\max\ \{0,\ T_2P+T_{non}+T_{left}-\Psi\cdot|N_1\cup N_2|\}$。

综上所述，目标函数的下界值应为 $f\cdot LB_V+c\cdot LB_T+c'\cdot LB_O$。

（二）滚装船在港时间有交叉情形

1. 使用的牵引车数量的下界 LB'_V

（1）保证牵引车能够在决策期内完成所有任务的下界 LB'_{V1} 同 LB_{V1}。

（2）保证牵引车能够在相应时间窗内完成滚装船相关任务的下界 LB'_{V2}：

此处令“一个批次的滚装船相关任务”表示“一艘滚装船的所有上/下船任务”，将决策期按照各批次对应的时间窗划分时段，遍历任意两个时段的交叉时长，找到这些交叉时长的最小值，用 ΔT 表示，并以 ΔT 作为基本单位，将决策期进行离散化处理，得到 $S = \left\lceil \frac{T}{\Delta T} \right\rceil$ 个区段。这样，被分配到第 s 个区段内作业的下船挂车数量 Num_s^1 和上船挂车数量 Num_s^2 分别如下：

$$Num_s^1 = \sum_{p=1}^{P} \sum_{\beta \in \{1,2\}} \left\lceil N_{p1}^{\beta} \frac{\Delta T}{T_1} \right\rceil, (s-1)\Delta T \geqslant t_p and s\Delta T \leqslant t_p + T_1$$

$$Num_s^2 = \sum_{p=1}^{P} \sum_{\beta \in \{1,2\}} \left\lceil N_{p2}^{\beta} \frac{\Delta T}{T_3} \right\rceil, (s-1)\Delta T \geqslant t_p + T_1 + T_2 and s\Delta T \leqslant t_p + T_1 + T_2 + T_3$$

因此为保证所有的滚装船相关任务在时间窗内完成，系统中使用的牵引车数量下界如下：

$$LB'_{V2} = \left\lceil \frac{\max_{s=1}^{S} \{ Num_s^1 + Num_s^2 \} \Lambda}{\Delta T} \right\rceil$$

（3）为确保非滚装船相关任务完成，牵引车数量的下界 LB'_{V3} 同 LB_{V3}。

则滚装船在港时间有交叉情形下，牵引车数量的下界 $LB'_V = \max\{LB'_{V1}, LB'_{V2}, LB'_{V3}\}$。

2. 牵引车在码头内部的工作时间下界 LB'_T

同 LB_T。

3. 牵引车在码头内部的等待时间下界 LB'_O

同 LB_O。

综上所述，滚装船在港时间在有交叉情形下，目标函数的下界应为$f \cdot LB'_V + c \cdot LB'_T + c' \cdot LB'_O$。

五、算法设计

除了同一艘滚装船的相关任务属于同一批次外，本章将堆场与仓库之间的非滚装船相关任务整体视为一个批次。由于任务的时间窗相对较为宽泛，因此算法在邻域搜索过程中空间较大，可允许的操作比较灵活。模拟退火在生成新解的过程中程式化程度低，且其内嵌的 Metropolis 准则可以有效地避免迭代过程中陷入局部最优解，而且，甩挂运输作为 VRP 的一个分支（Tan 等，2006；Xue 等，2014；Li 等，2012；Li 等，2015），已经被证明是 NP 难问题（Tan 等，2006），而模拟退火算法在求解 VRP 问题上的有效性业已得到了证明（Yu 等，2017；Wang 等，2015）。因此，本章采用模拟退火算法求解该滚装码头内部的牵引车调度优化问题。

（一）编码方式

每一项挂车运输任务的 OD 都是确定的，且一旦牵引车挂上该挂车之后，在到达其终点之前不允许中途甩挂。因此，各项挂车运输任务可以视为相互独立的单元。根据这一特点，本章直接将挂车运输任务作为对象进行整数编码，如图 3－4 所示。编码中的每一位整数对应一项任务，编码的每一行表示一台牵引车执行任务的序列，整个编码表示该决策期内所有挂车任务的运输方案。图 3－4 就给出了 25 项任务利用 4 台牵引车进行运输的调度方案。

任务序列1	24	8	21	25	15	11	14	6	
任务序列2	2	23	22	16	19				
任务序列3	10	7	4	9	3	12	9	5	20
任务序列4	18	13	17	1					

图3－4　编码方式

（二）生成初始解

根据任务批次，所有的滚装船相关任务被划分至 $2P$ 个集合，同时令非滚装船相关任务的集合 $N_1 \cup N_2$ 作为第 $2P+1$ 个集合。r 是集合的编号，令 $\tilde{N}_r$ 表示第 r 个集合。

在确保不超过滚装船舱容限制的前提下，为了明确每个批次的滚装船相关任务各挂车之间被拖带的先后顺序，本章为牵引车的调度方案设置一项附属矩阵 M。附属矩阵 M 中共有 $|N|$ 个模块，每个模块中记录某一项任务的 7 个参数，这 7 个参数分别是任务的编号、完成该任务的牵引车编号、任务所属的批次、牵引车开始执行该任务的时刻、牵引车开上滚装船的时刻、牵引车离开滚装船的时刻以及牵引车结束该任务的时刻。其中，对于非滚装船相关任务而言，7 个参数中的第 4、第 5 个参数、第 6、第 7 个参数分别是相等的。

1. 初始解按照如下的规则生成

步骤 1：令 r 表示集合编号，初始值 $r=1$，令 l 表示任务序列编号，初始值 $l=1$。

步骤 2：判断 $r \leqslant 2P+1$ 是否成立，如果是，转到步骤 3，如果不是，则将目前的调度方案输出，调整附属矩阵并合并任务序列（具体见本节“对附属矩阵的处理”和“合并任务序列”两部分）。

步骤 3：判断 $\tilde{N}_r$ 是否是空集，如果是，令 $r=r+1$，$l=l+1$，

返回执行步骤 2，否则，前往执行步骤 4；

步骤 4：随机从 $\tilde{N}_r$ 集合中选取一项任务，如果当前操作的任务序列中还没有任务存在，就直接把选择的这项任务作为该序列的第一项任务置入，该序列的牵引车开始作业的时刻即为第一项任务时间窗的较小值。如果当前的任务序列中已经存在部分任务，需判断把该任务置入当前任务序列末端能否满足该任务时间窗的要求，如果能够满足，直接将该任务置入当前任务序列的末端；如果不能满足，令 $l=l+1$，添加一条新的任务序列并将该任务置入，新序列的牵引车开始工作的时刻即为此项任务时间窗的较小值。把该任务各项参数对应录入到附属矩阵 M 的相关位置，并把该任务从集合 $\tilde{N}_r$ 中剔除，返回步骤 3。

2. 对附属矩阵的处理

对于每个批次的滚装船相关任务、调度方案中每项挂车任务进入和离开滚装船的时间是可查询的，将附属矩阵 M 中的各个模块依照挂车到达滚装船时刻的升序进行排列（如果存在两个模块，其挂车到达滚装船的时刻相同，则将两个模块随机进行排列），就可以获得各项任务的执行顺序。如果存在超出数量限制的牵引车同时在船舱内执行任务，根据数学模型的式（3－9）和式（3－10）逐一把违反约束的挂车任务的开始执行时刻后延，其他任务的相关参数若发生变化，也对应地进行调整。经过调整之后，如果存在某些任务的开始执行时刻晚于其自身的时间窗约束，则这些任务需要从原来的任务序列中剔除，置于新的任务序列中，并保持执行时刻的先后顺序。

下面以执行某一艘滚装船的下船任务为例，对附属矩阵的处理过程进行说明。若 8∶00－10∶00 是该滚装船的下船作业时间，共有 20 辆挂车需要被拖带下船。牵引车在滚装码头系统内任意两点之间的移动需耗时 10 分钟，牵引车上/下滚装船一次需耗时 15 分钟，牵引车挂/摘一辆挂车耗费的时间忽略不计。一艘滚装船最多允许3台牵引车同时在其船舱内进行作业。在这一背景下，在生成初始解的过程中对附属矩阵的调整如图3－5的步骤所示，为了使调整过程显示得更加清晰，图中的每个模块仅保留任务的编号、牵引车的编号、牵引车进入滚装船的时刻以及牵引车离开滚装船的时刻。图中的步骤一表示记录初始参数，步骤二表示依照挂车上船的时刻先后将任务进行排列，形成任务的执行次序，步骤三表示将违反滚装船舱容限制的挂车任务的上船时刻延迟，并查找违反其自身时间窗约束的任务，将这部分任务分配至新的任务序列中，更新其作业开始时刻。

3. 合并任务序列

减少牵引车的使用数量能够有效地降低目标函数值，可以通过将两条或者多条时间不冲突的任务序列进行合并来达到这一目标。滚装船的停靠时间是分布在整个决策期之内的，调度方案中有一些任务序列的结束时刻可能会比其他任务序列的开始时刻要早。合并任务序列的具体做法是：从调度方案的第一条任务序列开始，从剩下的其他序列中寻找牵引车开始工作的时刻晚于该序列结束时刻的任务序列，如果存在满足要求的任务序列，则从这些序列中随机选择一条（如果仅有一条任务序列满足要求，直接操作该序列即可），按照时刻先后合并两条序列。重复该操作，直到没有可以合并的任务序列。

本章的初始解生成方案即为现实中的调度规则。

（三）邻域搜索

本章的邻域搜索采取以下两种方式，两种方式被选择的概率分别为 w 和 $1-w$。

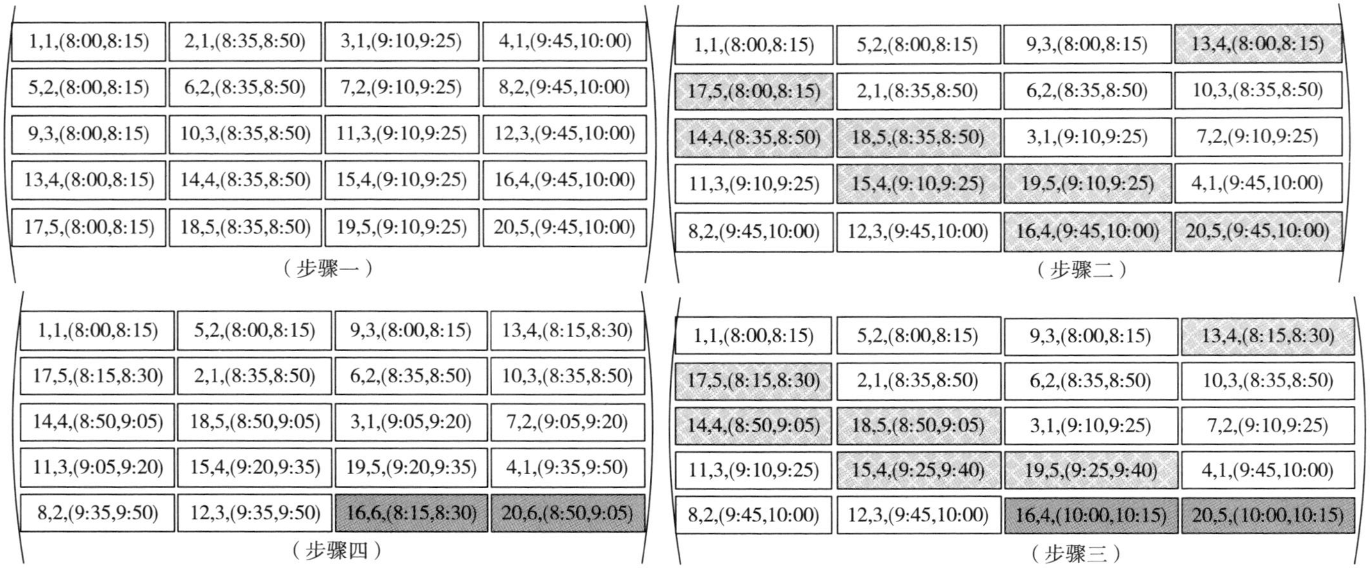
1,1,(8:00,8:15) 2,1,(8:35,8:50) 3,1,(9:10,9:25) 4,1,(9:45,10:00)
5,2,(8:00,8:15) 6,2,(8:35,8:50) 7,2,(9:10,9:25) 8,2,(9:45,10:00)
9,3,(8:00,8:15) 10,3,(8:35,8:50) 11,3,(9:10,9:25) 12,3,(9:45,10:00)
13,4,(8:00,8:15) 14,4,(8:35,8:50) 15,4,(9:10,9:25) 16,4,(9:45,10:00)
17,5,(8:00,8:15) 18,5,(8:35,8:50) 19,5,(9:10,9:25) 20,5,(9:45,10:00)
（步骤一）
1,1,(8:00,8:15) 5,2,(8:00,8:15) 9,3,(8:00,8:15) 13,4,(8:00,8:15)
17,5,(8:00,8:15) 2,1,(8:35,8:50) 6,2,(8:35,8:50) 10,3,(8:35,8:50)
14,4,(8:35,8:50) 18,5,(8:35,8:50) 3,1,(9:10,9:25) 7,2,(9:10,9:25)
11,3,(9:10,9:25) 15,4,(9:10,9:25) 19,5,(9:10,9:25) 4,1,(9:45,10:00)
8,2,(9:45,10:00) 12,3,(9:45,10:00) 16,4,(9:45,10:00) 20,5,(9:45,10:00)
（步骤二）
1,1,(8:00,8:15) 5,2,(8:00,8:15) 9,3,(8:00,8:15) 13,4,(8:15,8:30)
17,5,(8:15,8:30) 2,1,(8:35,8:50) 6,2,(8:35,8:50) 10,3,(8:35,8:50)
14,4,(8:50,9:05) 18,5,(8:50,9:05) 3,1,(9:05,9:20) 7,2,(9:05,9:20)
11,3,(9:05,9:20) 15,4,(9:20,9:35) 19,5,(9:20,9:35) 4,1,(9:35,9:50)
8,2,(9:35,9:50) 12,3,(9:35,9:50) 16,6,(8:15,8:30) 20,6,(8:50,9:05)
（步骤四）
1,1,(8:00,8:15) 5,2,(8:00,8:15) 9,3,(8:00,8:15) 13,4,(8:15,8:30)
17,5,(8:15,8:30) 2,1,(8:35,8:50) 6,2,(8:35,8:50) 10,3,(8:35,8:50)
14,4,(8:50,9:05) 18,5,(8:50,9:05) 3,1,(9:10,9:25) 7,2,(9:10,9:25)
11,3,(9:10,9:25) 15,4,(9:25,9:40) 19,5,(9:25,9:40) 4,1,(9:45,10:00)
8,2,(9:45,10:00) 12,3,(9:45,10:00) 16,4,(10:00,10:15) 20,5,(10:00,10:15)
（步骤三）

图 3-5 附属矩阵的处理

1. 在解中随机选择两条任务序列

在所有时段中随机选择一个时段，将两条任务序列中该时段内的任务段进行交换。某一条任务序列中可能存在该时段内执行的任务，也可能不存在，因此，两条任务序列中的任务段可能会出现三种情况：①所选择的两条任务序列中都存在在该时段内作业的挂车任务，此情况下直接交换两任务段；②一条任务序列中存在在该时段内作业的挂车任务，另一条任务序列中没有，此情况下将该任务段取出，插入到另一条没有任务段的任务序列的相应位置；③如果两条任务序列中该时段内均没有任务，则放弃此次操作，重新选择两条任务序列。

如果调度方案中只存在一条任务序列，则随机选择一个时间段，如果该选项中的时段内存在任务，在该任务段内随机选择一个位置，将该位置前后两部分任务保持原有的顺序进行交换；如果选中的时段内没有任务，则放弃此次操作，重新选择一个时段。

若某一任务序列中存在新加入的任务段，新加入任务段第一项任务的开始执行时刻晚于任务序列中原有的紧前任务的结束时刻，则按照新加入任务段第一项任务的时间窗要求，将该任务段的开始执行时刻提前至其自身时间窗的较小值或者紧前任务结束时刻，选择二者中的较大值将附属矩阵更新。

2. 从调度方案中随机选择一条任务序列

在该序列第一项任务的时间窗内重新随机生成该序列的开始作业时刻，将附属矩阵更新并调整，将任务序列进行合并。

六、算例分析

（一）算例设置

本章算例基于大连湾新港滚装码头的运营数据进行设计。决策期为0：00－24：00，滚装船在码头停靠时长为6小时，这6小时中分配给下船作业的时长为2.5小时，分配给上船作业的时长为2.5小时，分配给维护作业的时长为1小时。牵引车摘/挂一辆挂车所需的时长 T_{Δ} 为5分钟，牵引车在系统中任意两点间移动所需时长 T_{∇} 为5分钟，牵引车上/下滚装船所需时长为15分钟。船舱最多容纳3台牵引车同时作业。

在牵引车工作的成本方面，固定成本 $f=200$ 元，运营成本 $c=10$ 元/小时，机会成本 $c'=6$ 元/小时。在算法参数设置方面，初始温度为1000，终止温度为1，降温速率为0.8，内循环次数为1000，决定邻域搜索方式的参数 $w=0.5$。

根据任务数量的多少，可将滚装船相关任务分为三个等级，具体如表3－1所示。

在港停靠时间不存在交叉的情形下，滚装船的停靠情况如表3－2所示，每一组的三个算例包含的任务数量分别属于Ⅰ级、Ⅱ级和Ⅲ级。堆场和仓库之间待完成的任务情况如表3－3所示。

表 3-1 不同等级的滚装船相关任务数量 单位：辆

等级	每艘船下船任务数		每艘船上船任务数	
	到堆场	到仓库	从堆场	从仓库
Ⅰ	3	2	3	2
Ⅱ	6	4	6	4
Ⅲ	12	8	12	8

表 3-2 滚装船在港时间无交叉算例设置

算例编号	滚装船数量（艘）	滚装船的在港时间（小时）
1，2，3	1	[6，12]
4，5，6	2	[6，12]，[12，18]
7，8，9	3	[6，12]，[12，18]，[18，24]
10，11，12	4	[0，6]，[6，12]，[12，18]，[18，24]

表 3-3 堆场与仓库之间交换的任务数 单位：辆

算例编号	堆场→仓库	仓库→堆场
1，2，3	5	5
4，5，6	10	10
7，8，9	15	15
10，11，12	20	20

在港停靠时间有交叉的情形下，算例设置如表 3-4 所示，每一组的三个算例所包含的任务数量仍然分别属于Ⅰ级、Ⅱ级和Ⅲ级。相应的堆场和仓库之间待完成的任务数量设置如表 3-5 所示。

（二）结果分析

所有的试验均在处理器为 Intel（R）Core（TM）i7-3770CPU @3.40GHz、内存为 4G 的计算机上进行，采用 MatlabR2014a 软件

编译实现。计算时间最长的算例耗时 98.18 秒，说明本章所开发的算法时间效率较高。

表 3－4 滚装船在港时间有交叉算例设置

算例编号	滚装船数量（艘）	滚装船的在港时间（小时）
13，14，15	2	[0，6]，[1，7]
16，17，18	3	[6，12]
19，20，21	4	[8，14]
22，23，24	5	[14，20]
25，26，27	6	[15，21]
28，29，30	7	[16，22]
31，32，33	8	[18，24]

注：滚装船在港时间一列，从第二行开始，每一行为在前一行基础上增加的时间窗。

表 3－5 堆场与仓库之间交换的任务数 单位：辆

算例编号	堆场→仓库	仓库→堆场
13，14，15	6	6
16，17，18	11	11
19，20，21	13	13
22，23，24	19	19
25，26，27	20	20
28，29，30	21	21
31，32，33	23	23

滚装船在港停靠时间不存在交叉的情形下，12 个算例的求解结果及对比如表 3－6 所示，滚装船在港停靠时间存在交叉的情形下，21 个算例的求解结果及对比如表 3－7 所示。

表 3-6　在港时间无交叉情形下的求解结果及对比

算例编号	现有调度规则				理论下界值			SA				Gap1	Gap2
	a1	b1	c1	d1	a2	b2	c2	a3	b3	c3	d3	(%)	
1	480.8	2	485	0	275	1	450	281.7	1	490	0	41.4	2.4
2	729.2	3	775	0	525	2	750	549.3	2	785	185	24.7	4.6
3	1246.0	5	1350	210	825	3	1350	844.1	3	1350	191	32.3	2.3
4	564.2	2	985	0	350	1	900	387.0	1	985	228	31.4	10.6
5	861.7	3	1570	0	650	2	1500	685.8	2	1580	225	20.4	5.5
6	1500.0	5	2730	450	1050	3	2700	1113.1	3	2790	481	25.8	6.0
7	647.5	2	1485	0	425	1	1350	445	1	1470	0	31.3	4.7
8	994.2	3	2365	0	775	2	2250	809.0	2	2320	223	18.6	4.4
9	1947.2	6	4105	630	1275	3	4050	1326.4	3	4095	439	31.9	4.0
10	930.8	3	1985	0	700	2	1800	749.5	2	1985	187	19.5	7.1
11	1326.7	4	3160	0	1100	3	3000	1137.7	3	3125	169	14.2	3.4
12	2198.2	6	5485	840	1700	4	5400	1754.9	4	5405	541	20.2	3.2

注：a1、a2、a3 为目标函数值；b1、b2、b3 为使用的牵引车数；c1、c2、c3 为牵引车的总运营时间；d1、d3 为牵引车的总等待时间，Gap1 = (a1 − a3)/a1 × 100%；Gap2 = (a3 − a2)/a2 × 100%。

表 3-7　在港时间有交叉情形下的求解结果及对比

算例编号	现有调度规则				理论下界值			SA				Gap3	Gap4
	e1	f1	g1	h1	e2	f2	g2	e3	f3	g3	h3	(%)	
13	736.7	3	820	0	530	2	780	545	2	795	125	26.0	2.8
14	1233.3	5	1400	0	1030	4	1380	1035.7	4	1385	49	16.0	0.6
15	2665.3	11	2540	420	2030	8	2580	2084.5	8	2625	470	21.8	2.7
16	820.0	3	1320	0	605	2	1230	624	2	1310	57	23.9	3.1
17	1365.8	5	2195	0	1155	4	2130	1200	4	2145	425	12.1	3.9
18	2916.3	11	3920	630	2255	8	3930	2394.9	8	3995	1291	17.9	6.2
19	886.3	3	1700	30	665	2	1590	691.4	2	1700	81	22.0	4.0
20	1485.2	5	2875	60	1265	4	2790	1326	4	2790	610	10.7	4.8

续表

算例编号	现有调度规则				理论下界值			SA				Gap3	Gap4
	e1	f1	g1	h1	e2	f2	g2	e3	f3	g3	h3	(%)	
21	3163.3	11	5195	975	2465	8	5190	2549.7	8	5210	814	19.4	3.4
22	976.3	3	2240	30	745	2	2070	786.5	2	2250	115	19.4	5.6
23	1624.3	5	3710	60	1395	4	3570	1424.5	4	3630	195	12.3	2.1
24	2980.5	11	3990	1155	2695	8	6570	2756.1	8	6585	586	7.5	2.3
25	1033.0	3	2580	30	800	2	2400	872	2	2700	220	15.6	9.0
26	1730.2	5	4345	60	1500	4	4200	1542.0	4	4285	278	10.9	2.8
27	3642.3	11	7835	1365	2900	8	7800	2951.8	8	7890	368	19.0	1.8
28	1291.8	4	2915	60	1055	3	2730	1060.8	3	2765	0	17.9	0.5
29	2241.2	7	4975	120	2005	6	4830	2064.4	6	4945	402	7.9	3.0
30	4676.3	15	9050	1680	3905	12	9030	4009.4	12	9055	1002	14.3	2.7
31	1561.2	5	3295	120	1315	4	3090	1370.3	4	3150	453	12.2	4.2
32	2966.5	10	5655	240	2515	8	5490	2596.6	8	5565	691	12.5	3.2
33	5509.2	18	10314	1902	4915	16	10290	5008	16	10305	905	9.1	1.9

注：e1、e2、e3 为目标函数值；f1、f2、f3 为使用的牵引车台数；g1、g2、g3 为牵引车的总运营时间；h1、h3 为牵引车的总等待时间；Gap3 = (e1 − e3)/e1 × 100%；Gap4 = (e3 − e2)/e2 × 100%。

分析表 3-6 和表 3-7 中的结果数据可以发现，由于牵引车启用的固定成本相对较高，在算法寻优的过程中，牵引车使用的台数起到主导作用。所以，滚装船在港停靠时间无交叉情形下，利用本章所设计的模拟退火算法可以为所有的算例寻到最少的牵引车数量，而当前调度规则在使用的牵引车数量方面存在着一定的资源浪费。在牵引车的运营时间和牵引车的等待时间方面，算法能够为部分算例寻找二者中某一项的最优值。在运营时间上，由于滚装码头区域面积有限、节点数量有限，牵引车在执行两项任务之间的作业准备时间可优化的空间较小，所以在这一项上，下界值、本章算法以及现有调度规则的求解结果差异不大。在等待时间上，从纵向分析求解结果可以大致看出一种规律，即总的等待时间的长短与系统中所使用的牵引车台数相关，牵引车数量越多，等待时间越长，而且在这一项上，下界值、本章算法以及现有调度规则的求解结果差异较大，说明此项有着较大的优化空间。

同时，本章开发的模拟退火算法的优化效果十分显著。滚装船在港停靠时间无交叉情形下的12个算例结果中，模拟退火算法求解获得的总成本与现有调度规则下耗费的总成本相比，平均降低了24%，且平均仅比下界值高出4.5%；而滚装船在港停靠时间有交叉情形下的21个算例结果中，模拟退火算法的求解结果平均比现有调度规则的结果降低15.6%，比下界值平均高出3.4%，这说明若将本章算法应用于生产实际，能够有效降低现有调度规则所耗费的系统总体成本。另外，除了算例4，模拟退火算法的求解结果与下界值相比都相差在10%以内，算例4虽然超过了10%，但超出的幅度并不高，处于可以接受的范畴。所以，充分说明本章设计的模拟退火算法在优化滚装码头内部牵引车的作业调度方面是有效的。同时，结果的对比还揭示出，算法在求解滚装船在港停靠时间无交叉情形下的算例时，优化效果更加明显。

七、本章小结

本章所解决的滚装甩挂模式下的滚装码头内部牵引车作业调度优化问题主要有三方面的特点：①在一个决策期内有多艘滚装船在码头停靠；②滚装船舱容的限制，导致同时到达滚装船的牵引车数量较多时，牵引车需要在船外等待；③若多艘滚装船的停靠时间有重叠，同一时刻可能出现几艘滚装船同时作业的情形。

在分析了问题的特点之后，为该问题建立了数学模型，推导了目标函数的下界值，并开发了模拟退火算法进行求解。基于现实运营数据，设计了滚装船在港停靠时间无交叉情形下的 12 个算例和有交叉情形下的 21 个算例，基于现有调度规则、下界值和模拟退火算法对 33 个算例进行了求解。对比求解结果可以发现，所开发的模拟退火算法能够显著降低现有调度规则下的系统总体成本，并且与下界值的差距也控制在较小范围内，证明了算法的有效性。

第四章

空挂任务不确定模式下的牵引车调度优化

空挂任务是指甩挂运输系统中牵引车在两点之间运送空挂车的任务。当前关于甩挂运输调度优化方面的研究中，对于空挂任务的处理主要有三个方向：①研究对象仅有重挂任务，忽略空挂任务；②决定了重挂任务的调运方案之后，在重挂任务的间隙执行空挂任务，空挂任务的调运方案由重挂任务决定，并不是独立存在的；③空挂调运任务不经过优化，直接是确定的。

在实际生产中，空挂车可以被视为一种移动的仓库，其在系统中两节点之间的移动虽不能带来实际的效用，但却是保障货物正常流动必不可少的作业。简言之，空挂任务是甩挂运输系统中一种不可避免的无效作业。一般情况下，决策期开始前，各个节点对空挂车的需求量和供给量都是明确的，但具体到每一辆空挂车的 OD 就需要另外进行规划。本章就甩挂运输中空挂任务不确定这一模式，对甩挂运输系统中的牵引车调度进行优化。

一、问题描述

甩挂运输系统中存在单一车场和若干客户节点，车场用于存放牵引车。决策期开始时，牵引车均从车场出发，完成调度方案分配的挂车任务后，在决策期结束之前返回车场。客户点处可以存放挂车且所有挂车的OD均为客户节点。系统内的货量和流向比较稳定，因此依照货物的供需情况，重挂任务的信息可以提前获取。与此同时，各客户节点对于空挂车的需求量也可以提前确定，同样地，某一节点可以提供的空挂车数量也可以确定。所有空挂车的性质是一致的，具体到某一辆空挂车匹配至哪一个需求点则是不确定的。

根据以上分析可以看出，在甩挂运输系统中的空挂任务无法事先确定的模式下，要对牵引车的作业调度进行优化，需分两个阶段进行：第一个阶段要明确空挂任务，即为所有的空挂需求匹配供给节点，形成OD明确的空挂任务；第二个阶段在所有的空挂任务和重挂任务都清晰的情况下，为牵引车安排运行的路径，在决策期内完成所有挂车的拖运，使得调度方案的总成本最低。

（一）空挂任务OD点匹配

该阶段的目标是为所有的空挂需求安排相应的供给节点，确定空挂任务的OD。甩挂运输系统可抽象为路网 $G=(V,E)$，是一个赋权无向连通图。V 表示路网的点集，E 表示路网的边集，每条边的权重即为该边对应道路在路网中的实际长度。路网中任意两点之间只有一条边，其权重是这两点之间最短路的距离。

系统内有部分客户节点处存在货物需要装车运走，这部分客户节点处需要运进空挂车；另一部分客户节点处有卸完货待拖运的空挂车，这部分客户节点就是空挂的供给节点。从系统整体的角度衡量，空挂车的供给总量是可以满足需求总量的。本阶段只对空挂车的调运方案进行规划，规划的原则是空挂任务距离最短原则或者是重挂任务OD点总顺差最低原则（具体见本章第三节第二部分），可根据这两种原则为所有的空挂需求确定供给节点，进而形成确定的空挂调运任务。

（二）总体调度优化

在明确了空挂任务之后，空挂任务与重挂任务一并作为牵引车的作业对象，对牵引车的作业调度进行优化。此时，甩挂运输的模式具体如图4－1所示。

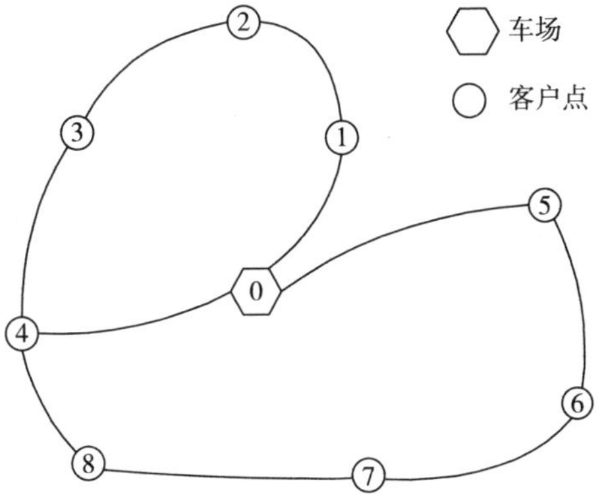

（a）任务分配及实际路网

图4－1　甩挂运输模式图

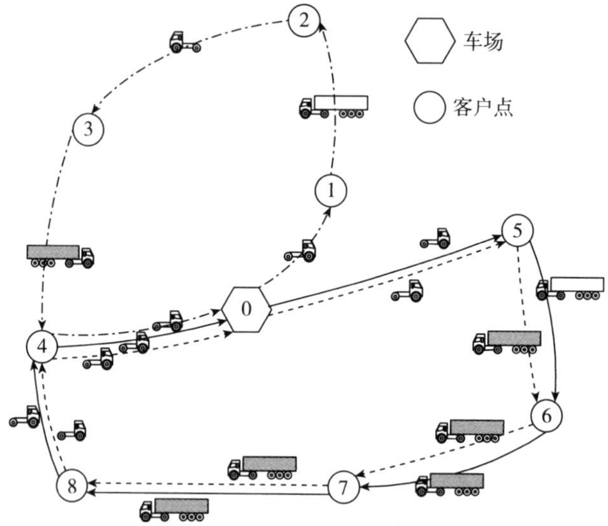

（b）可行的调度方案

图 4－1　甩挂运输模式图（续）

图 4－1（a）给出了系统中的路网情况以及待执行的所有任务的性质、数量和 OD；图 4－1（b）则针对该路网和任务情况给出了一种牵引车调度方案。在图 4－1（b）中，牵引车不同的运行路径利用不同的线型加以区分。图中直观反映出一点，在连续的两项任务之间，当紧前任务的终点是紧后任务的起点时，两任务之间的作业准备距离缩小至 0；紧前任务的终点不是紧后任务的起点时，两项任务之间的作业准备距离就是这两点之间的路网距离。

根据上述特点，对于任意的两项任务 i、j，本章将两者之间的作业准备距离 D_{ij} 定义如下：

$$D_{ij}=\begin{cases}0, & D_i=O_j\\ d_{D_iO_j}, & D_i\neq O_j\end{cases} \tag{4－1}$$

式中，O_i 表示任务 i 的起始节点，D_i 表示任务 i 的终止节点，$d_{D_iO_j}$ 表示两个节点 D_i 和 O_j 之间的路网距离。本章仍然设置虚拟任务

U_1 和 U_2，分别表示牵引车在决策期开始时从车场出发，在完成指派的任务后返回车场，可以将这两项虚拟任务视作是OD都为车场的任务。

二、数学模型

由于空挂任务不确定的情况，需要根据节点的供需量先对空挂任务进行规划，然后才能以任务为对象进行挂车作业的调度优化。因此，在数学模型中将节点和任务同时作为建模对象。

（一）假设条件

基于以下假设条件建立数学模型：

（1）路网中任意两个节点之间的最短路距离确定。

（2）系统中仅存在一个车场，车场内有足够数量的牵引车。

（3）在决策期内，若牵引车处于运行状态，其速度衡定。

（4）所有的空挂车都是相同的。

（5）每个客户点处对空挂车的供需量是确定的。

（6）系统内部空挂车总的供给量能够满足总的需求量。

（7）在客户点处只能存在空挂供给和空挂需求之中的一种状态。

（8）决策期开始时，重挂任务的OD和数量信息已确定。

（9）每一项挂车任务都仅对应一辆挂车。

（10）牵引车挂上挂车之后，在到达相应的目的地之前，不允许摘下挂车。

（二）符号说明

1. 参数和集合

0：车场编号。

C：客户点编号集合。

c、d：客户点编号，c、$d \in C$。

N_c^1：客户点 c 处对空挂车的需求量。

N_c^2：客户点 c 处对空挂车的供给量。

M：重挂任务的集合。

N：空挂任务的集合。

$d_{O_iD_i}$：任务 i 的 OD 点之间的路网距离。

K：牵引车的总数。

k：牵引车的编号。

T_1：牵引车在决策期内可连续工作时长的最大值。

T_2：牵引车挂上/摘下一辆挂车所需的时间。

v：牵引车的行驶速度。

f：决策期内一台牵引车的固定成本，主要包括车辆自身的折旧、维修以及驾驶员的工资等。

c_1：决策期内牵引车空驶单位距离的可变成本，主要指燃油消耗。

c_2：决策期内牵引车拖带空挂车行驶单位距离的可变成本，主要指燃油消耗。

2. 决策变量

β_{cd}：从客户点 c 运至客户点 d 的空挂车辆数。

Y_{ik}：0－1 变量，如果任务 i 由牵引车 k 执行，其值为 1，否则为 0。

Z_{ijk}：0－1 变量，如果任务 i 和任务 j 连续依次由牵引车 k 执行，其值为1，否则为0。

（三）模型建立

目标函数：

$$\min \sum_{k=1}^{K} \left| \frac{\sum_{i \in M \cup N} Y_{ik}}{|M \cup N|} \right| f + \sum_{k=1}^{K} \sum_{i,j \in \{U_1, U_2\} \cup M \cup N} c_1 D_{ij} Z_{ijk} + \sum_{k=1}^{K} \sum_{i \in N} c_2 d_{O_i D_i} Y_{ik} \tag{4-2}$$

约束条件：

$$\sum_{c \in C} N_c^2 \geqslant \sum_{c \in C} N_c^1 \tag{4-3}$$

$$\sum_{c \in C} \beta_{cd} \geqslant N_d^1, d \in C \tag{4-4}$$

$$\sum_{d \in C} \beta_{cd} \leqslant N_c^2, c \in C \tag{4-5}$$

$$\sum_{k=1}^{K} Y_{ik} = 1, i \in M \cup N \tag{4-6}$$

$$Y_{U_1 k} Y_{U_2 k} = 1,\ k = 1,\ 2,\ 3,\ \cdots,\ K \tag{4-7}$$

$$\sum_{k=1}^{K} \sum_{j \in \{U_2\} \cup M \cup N} Z_{ijk} = \sum_{k=1}^{K} \sum_{j \in \{U_1\} \cup M \cup N} Z_{jik}, i \in M \cup N \tag{4-8}$$

$$\sum_{k=1}^{K} Z_{U_1 U_2 k} = 0 \tag{4-9}$$

$$\sum_{k=1}^{K} \sum_{j \in \{U_1\} \cup M \cup N} Z_{U_2 jk} = 0 \tag{4-10}$$

$$\sum_{k=1}^{K} \sum_{i \in \{U_2\} \cup M \cup N} Z_{i U_1 k} = 0 \tag{4-11}$$

$$\frac{\sum_{i,j \in \{U_1, U_2\} \cup M \cup N} D_{ij} Z_{ijk} + \sum_{i \in M \cup N} d_{O_i D_i} Y_{ik}}{v} + 2T_2 \sum_{i \in M \cup N} Y_{ik} \leqslant T_1, k = 1, 2, 3, \cdots, K \tag{4-12}$$

$$Y_{ik},\ Z_{ijk} \in \{0,\ 1\},\ k = 1,\ 2,\ 3,\ \cdots,\ K;\ i,\ j \in \{U_1,\ U_2\} \cup M \cup N \tag{4-13}$$

$$Y_{jk} = \sum_{i \in \{U_1\} \cup M \cup N} Z_{ijk}, k = 1,2,3,\cdots,K; j \in M \cup N \tag{4-14}$$

$$Y_{ik} = \sum_{j \in \{U_2\} \cup M \cup N} Z_{ijk}, k = 1,2,3,\cdots,K; i \in M \cup N \tag{4-15}$$

在目标函数的总成本中，第一项对应于启用牵引车的固定成本，第二项对应于系统中牵引车空驶的可变成本，第三项对应于系统中牵引车执行空挂任务的可变成本。但在该模式下，重挂任务自身的 OD 是确定不变的，即每一项重挂任务的执行路径是固定的且在执行过程中不可中途甩挂，牵引车执行重挂任务的成本已经没有可以优化的空间，因而该问题可总结为一个“在重挂运输基础上进行空挂任务规划和整体作业调度的优化”的问题，可优化的空间仅集中在执行空挂任务本身耗费的可变成本以及牵引车在任务之间空驶耗费的可变成本。所以，在后续的优化中，忽略目标函数的第一项，仅保留第二项和第三项。式（4－3）保证系统内部空挂车总体的供给量能够满足总体的需求量。式（4－4）确保每个客户节点接收到的空挂车数量可以满足其对空挂车的需求。式（4－5）限制从每个客户节点运出去的空挂车数量不会超过该节点拥有的空挂车数量。式（4－6）确保每一项任务仅被执行一次。式（4－7）限制牵引车在决策期开始从车场出发，完成所指派的任务后最终返回车场。式（4－8）是任务流量平衡约束。式（4－9）保证虚拟任务不能连续。式（4－10）和式（4－11）共同确保虚拟任务与实体任务被执行的先后顺序。式（4－12）限制牵引车连续工作时长不超出限制。式（4－13）给出了决策变量的取值范围。式（4－14）确保牵引车的工作路径中，所有实体任务存在且仅存在一项紧前任务。式（4－15）确保牵引车的工作路径中，所有实体任务存在且仅存在一项紧后任务。

三、算法设计

（一）算法设计思想

在甩挂运输系统中的空挂任务不确定时，该系统存在多机并行的特性。此时牵引车和挂车都可以被视为待调度的机器，该问题的调度优化较为复杂，主要体现在：第一，需要决策的主体较多，所需的牵引车数量、空挂车的调运量、空挂任务的OD、牵引车执行的任务指派、任务的执行顺序都是决策点。第二，甩挂运输的每一项任务在解中类似一个模块，与前后的其他模块通过作业准备距离相联系，调度方案中的某一项任务发生变动，对解的整体而言是一种“结构重塑”的改变，导致该任务原位置任务间的作业准备距离发生变化。同时，该任务新植入的位置处作业准备距离也会发生变化，极有可能产生恶化解甚至是不可行解。

通过本章前文的分析可以看出，挂车任务被指派给某一台牵引车之后，在执行过程中不允许中途甩挂，所以紧前紧后两项任务之间的作业准备距离是一个重要的优化点，若能通过一定的规则将其缩短，便可大大降低目标函数值。针对问题先规划空挂任务、后对所有任务进行作业调度的思路，相应地开发两阶段启发式算法进行求解。

两项任务之间的作业准备距离，对应地在路网中就是紧前任务的终点和紧后任务的起点之间的最短路距离。从中很容易看出，最优的情形就是紧前任务的终点与紧后任务的起点重合，此时作业准备距离缩短为0。如何更大程度地令系统中的作业准备距离降低为0，与系统内部各项任务OD的任务顺差息息相关。本章对节点c的任务顺差P_c定义如下：

P_c = 输入该点的任务数量 - 从该点输出的任务数量

图4－2给出了算法的整体思路。

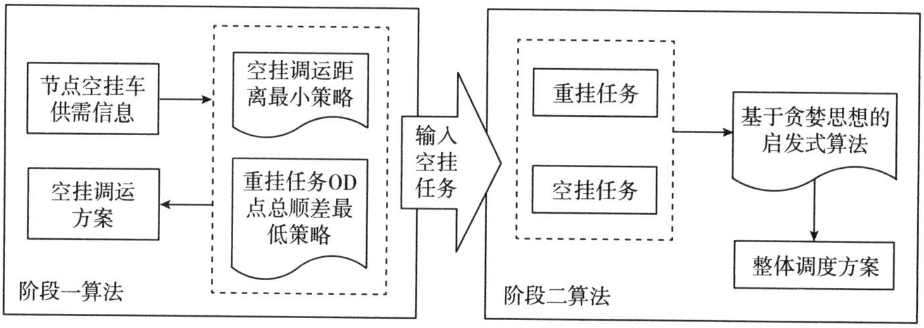

图4－2 算法整体思路

（二）两种策略确定空挂调运任务

如图4－3（a）所示，利用双层编码表示空挂车的调运方案。其中，编码的第一层存放的是空挂车的供给节点，第二层存放的是空挂车的接收节点，每个节点编号在各层中出现的次数代表该节点提供/接收空挂车的数量。

在编码的第一层中，前半部分无阴影的节点表示从这些节点处有挂车运出，后半部分阴影处的节点编号表示这些节点处有提供空挂车的能力，但实际并未调用这部分空挂车。对应于图4－3（a）的空挂调运方案如图4－3（b）所示。

空挂调运方案对目标函数存在两个方面的影响：第一，方案本身涉及的牵引车完成空挂任务的距离，也就是对应于牵引车拖带空挂车的成本；第二，空挂任务方案不同，也即各空挂任务的 OD 配对不同，整体调度方案中的作业准备距离不同，对应于目标函数中的牵引车空驶成本。依照这两方面的影响，相应地设计两种策略来规划第一阶段的空挂调运任务。

空挂供给点	2	3	1	2	3	1	3	1	1	1	3
空挂需求点	4	4	5	4	5	6	5				

（a）编码方式

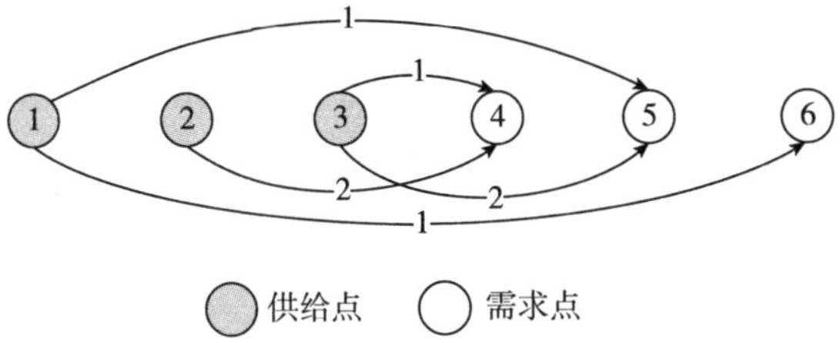

（b）调运方案

图 4－3　阶段一的编码方式及对应的调运方案

1. 空挂调运距离最小策略

此处的空挂调运距离指的是牵引车完成所有的空挂任务需要行驶的总距离。采用图 4－3（a）所示的编码方式，本策略先分别随机给出编码上层和编码下层的数字顺序，生成初始的空挂调运方案，随后在迭代过程中随机将上层中的两个位置进行交换，第一个位置必须在上层无阴影部分选择，第二个位置在其他位置处随机选择，其物理意义为变化某两项任务（或某一项任务）的空挂车供给节点。当选择的两个位置数字一致时，方案不发生变化，此种变化也可能为后续更优方案提供中间状态，因此加以保留。该策略可以保证变换之后的空挂调运方案依然是可行解，图 4－4 直观表现了该策略的操作过程。

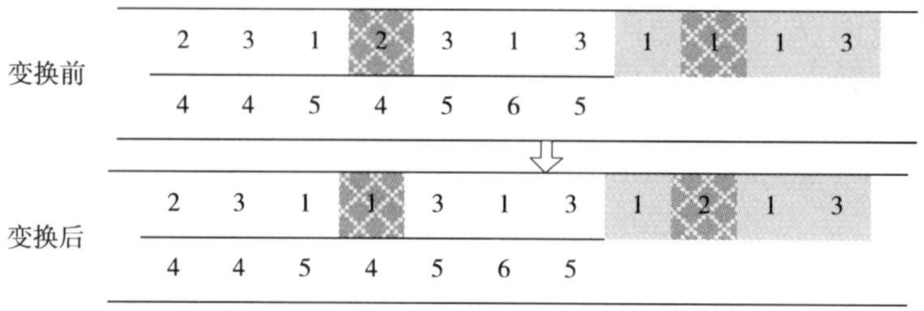

图 4 -4　空挂调运方案变换

图 4 -4 所示的空挂调运方案，每次针对编码中最基本的单元进行操作，且在计算过程中多次进行空挂调运方案的变换，能有效保证解的多样性。每进行一次迭代，重新计算新方案的空挂运输距离，如果新的方案不比原有方案更差，即接受新方案；如果新的方案比原有方案差，为保证解的全局性，以一定概率接受新方案，否则放弃本次操作，重新交换上层编码的两个位置。重复这一迭代过程，直至达到设定的最大迭代次数。

2. 重挂任务 OD 点总顺差最低策略

在规划空挂任务的调运方案之前，先计算当前重挂任务所涉及的所有 OD 点的任务顺差，然后在空挂方案的上层编码中，优先选择有更大顺差的空挂供给节点。具体的操作步骤如下：

步骤 1：分别计算所有的重挂任务 OD 所涉及节点的任务顺差，存放至矩阵 $A = \begin{bmatrix} \text{节点} \\ \text{节点任务顺差} \end{bmatrix}$ 中。

步骤 2：将系统中的空挂车的供给情况存放至矩阵 $B = \begin{bmatrix} \text{供给点} \\ \text{可供数量} \end{bmatrix}$ 中。

步骤 3：按照图 4 -3（a）所示的方式随机排列下层编码，生成空挂需求序列，令上层的空挂供给序列为空，$s=1$。

步骤4：判断矩阵 A 是否为空矩阵。如果是，将矩阵 B 中剩余的供给节点放到空挂供给序列的末端，形成空挂调运方案并输出。若 A 不是空矩阵，转到步骤5。

步骤5：寻找矩阵 A 中最大的任务顺差值，其对应的节点标记为 max$c$，并令矩阵 A 中相应的一列为空。

步骤6：判断矩阵 B 中的供给节点内是否包含 max$c$。如果不包含，返回执行步骤4。如果包含，前往执行步骤7。

步骤7：找到矩阵 B 中与节点 max$c$ 相对应的空挂供给量 n，并使空挂供给序列中的第 $s \to s+n$ 位均变为 max$c$。令矩阵 B 中该列为空，$s=s+n$。返回执行步骤4。

（三）基于贪婪思想的启发式算法优化整体调度方案

空挂任务确定后在对所有的任务进行整体规划时，由于不可中途甩挂，各项任务仍然是相互独立且各自不可分割的模块。因此，本章依然采用以任务为编码对象的整数编码方式来表示解，以直接避免某一项任务还未执行完时有其他任务插入。具体的编码方式如图4－5所示，该图给出了40项任务由4台牵引车执行时，为各台牵引车分配的任务序列。

任务序列1	32	40	22	34	35	6	3	11	30	33	7	
任务序列2	38	28	17	14	16	8	5	29	21			
任务序列3	25	37	31	27	26	19	15	1	36	23	2	4
任务序列4	18	24	39	13	9	20	10	12				

图4－5　以任务为对象的整数编码

1. 算法原则

（1）优先将起点任务顺差值大的任务添加到每条任务序列中，作为序列的第一项任务。

（2）在构筑方案的过程中兼顾操作的后效性，每次向任务序列中添加一个任务，都要再次计算还没有被纳入方案中的所有任务的OD所涉及节点的任务顺差。

（3）向任务序列中添加任务时，优先选择与当前任务之间的作业准备距离小的任务。如果满足条件有多个任务存在，则找到其终点的任务顺差绝对值最小的任务加入到当前任务之后。

2. 具体步骤

步骤1：合并重挂任务与空挂任务，放入一个新的总体任务集合 T，令 S 储存整体的调度方案，初始 $S=\phi$。

步骤2：令当前任务序列的编号 $L=1$，当前的任务序列中已经安排的任务数量 $h=1$。

步骤3：判断集合 T 是否是空集。如果是，S 就是最终的调度方案，输出 S 并结束程序；如果不是，前往执行步骤4。

步骤4：判断任务序列 L 中是否有任务。如果没有，前往执行步骤5，否则前往执行步骤6。

步骤5：为 T 中的所有任务的起点计算任务顺差，将任务顺差值最大的点标记为 p。找到所有的起点为 p 的任务，放置到集合 G 中。如果这些任务的OD都相同，则从中随机选择一项任务加入到任务序列 L 中，作为其第 h 项任务；如果这些任务的OD并非完全一致，统计集合 G 中的所有任务的终点任务顺差，从中选择任务顺差的绝对值最低的那一项添加到任务序列 L 中，作为其第 h 项任务；如果仍然有超过一项的任务符合条件要求，则从中随机选择一项。将选中的任务从 T 中移除，令 $h=h+1$，返回执行步骤3。

步骤6：判断完成当前的任务序列 L 需要耗费的时长，如果没有达到牵引车最长工作时间的限制，继续从集合 T 中选取与当前任务作业准备距离最小的任务，添加到当前任务序列 L 的末端；如果有多项任务满足要求，统计这些任务终点的任务顺差值，从中选取任务顺差值的绝对值最低的一项放置到当前任务之后；如果仍然有多项任务符合要求，则从中随机选择一项。把选中的任务从集合 T 中移除，并令 $h=h+1$，返回执行步骤3。如果完成当前的任务序列 L 需要耗费的时长已经达到牵引车最大工作时限，令 $L=L+1$，$h=1$，返回执行步骤3。

四、算例分析

所有的数值例仿真实验都是在 CPU 为 Intel Core i3，RAM 为 2GB，操作系统为 Windows 7 的计算机上完成。

（一）基于较大规模算例的算法性能分析

选取某运输公司开展甩挂运输的部分业务数据形成如下算例，利用两种策略进行求解，以对比分析两种策略性能的差异。算例中共有13个城市，用编号0～12表示，其中，0代表车场，1～12代表客户节点。

算例的其他参数设置如下：决策期长度为24小时，即牵引车最大工作时长；牵引车平均的运行速度为90公里/小时；牵引车拖带空挂车行驶的成本为0.35元/公里，牵引车独自行驶的成本为0.30元/公里；牵引车挂上或者摘下一辆挂车需要10分钟的操作时间。路网中任意的两个节点之间最短距离如表4－1所示，所有重挂任务的OD以及数量如表4－2所示，各节点空挂的供需情况如表4－3所示。

表4－1　节点之间最短路距离　　单位：公里

	0	1	2	3	4	5	6	7	8	9	10	11	12
0	0	69	84	75	114	196	168	191	314	223	270	390	238
1	69	0	151	146	182	228	236	259	352	291	337	458	309
2	84	151	0	75	27	233	144	120	297	205	252	319	219
3	75	146	75	0	91	282	208	184	361	268	315	383	170
4	114	182	27	91	0	243	124	100	306	214	260	299	235
5	196	228	233	282	243	0	130	192	138	139	195	407	410
6	168	236	144	208	124	130	0	60	192	100	147	287	289
7	191	259	120	184	100	192	60	0	255	163	210	219	267
8	314	352	297	361	306	138	192	255	0	92	145	470	473
9	223	291	205	268	214	139	100	163	92	0	61	378	381
10	270	337	252	315	260	195	147	210	145	61	0	424	427
11	390	458	319	383	299	407	287	219	470	378	424	0	307
12	238	309	219	170	235	410	289	267	473	381	427	307	0

表4－2　重挂任务分配表　　单位：辆

任务OD点	数量	任务OD点	数量	任务OD点	数量	任务OD点	数量	任务OD点	数量	任务OD点	数量
1→2	2	4→3	2	8→3	1	4→9	1	5→9	1	11→6	2
1→6	2	5→7	3	10→9	1	4→11	2	5→10	1	7→8	2
2→4	1	6→7	2	12→7	2	5→4	1	7→4	2	7→12	2
3→4	1	7→10	3	11→8	1	10→7	1	7→5	2	8→7	2

表 4-3 空挂供需情况 单位：辆

客户点编号	供需数量	客户点编号	供需数量	客户点编号	供需数量
1	+3	5	-2	9	-4
2	-2	6	+5	10	-3
3	+4	7	+5	11	-1
4	-1	8	-2	12	+2

注：+表示可提供空挂，-表示需要调入空挂。

表 4-4 给出了利用两种策略获得的最优结果。在图 4-6 中，GAP1 表示利用策略一求解得到的结果高于已获得的最优值的比例，GAP2 则表示利用策略二求解得到的结果高于已获得的最优值的比例。从两条曲线的对比可以发现，利用策略二进行求解所得到的求解结果相对更优，且各次的求解结果比较稳定，波动幅度在 6% 之内；利用策略一进行求解所得到的求解结果相对较差，且各次结果的波动幅度较大。不同的空挂调运方案，能够对系统整体运营成本产生不同程度的影响。因此，在规划空挂调运方案时，应当协同考虑重挂任务 OD 所涉及节点的任务顺差，通过空挂调运任务的灵活性来平衡系统内部整体的任务顺差，进而减少任务间的作业准备距离，降低系统整体的运营成本。

表 4-4 两种策略所得最优结果

次序 / 算法	1	2	3	4	5	6	7	8	9	10
策略一	2799.8	2885.3	2561.3	2666.1	2735.0	2785.3	2661.7	2712.6	2611.3	2679.1
策略二	2567.6	2561.4	2512.3	2577.2	2583.8	2572.4	2464.6	2516.3	2591.6	2524.3

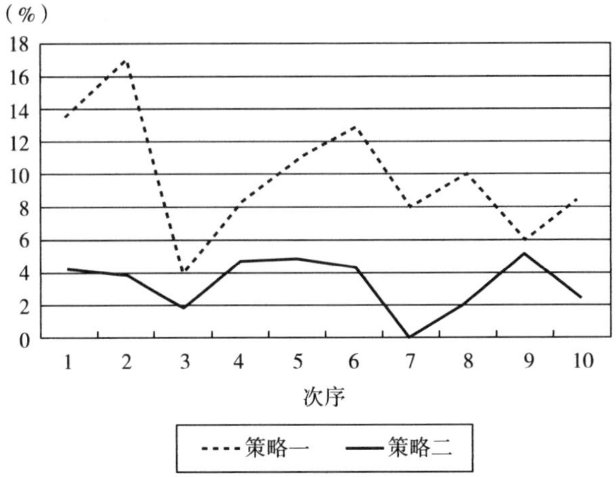

图 4－6　各结果高于已有最优值的比例

（二）不同情境下两种策略的对比

为了分析运营情况变化对结果的影响，本算例选择重挂任务不平衡度和空挂任务比例这两项能够直接影响调度方案的因素，探讨两种因素变化时给调度方案带来的影响，并相应地进一步衡量两种求解策略的性能。

1. 重挂任务不平衡度变化

此处将重挂任务不平衡度定义如下：

$$\text{重挂任务不平衡度}=\frac{\sum_{i\in M}(|P_{O_i}|+|P_{D_i}|)}{|M|}$$

仍沿用本节第一部分算例的路网，保持重挂任务的数量不发生改变，将重挂任务的不平衡度分别控制在 10%、50%、80% 和 100%，生成新的重挂任务。利用策略一和策略二分别对算例进行 1000 次求解，所得的结果如图 4－7 所示。

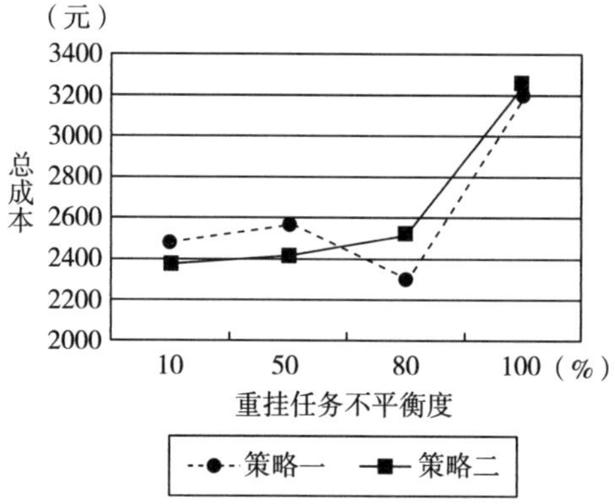

（a）两种策略求解的最优值

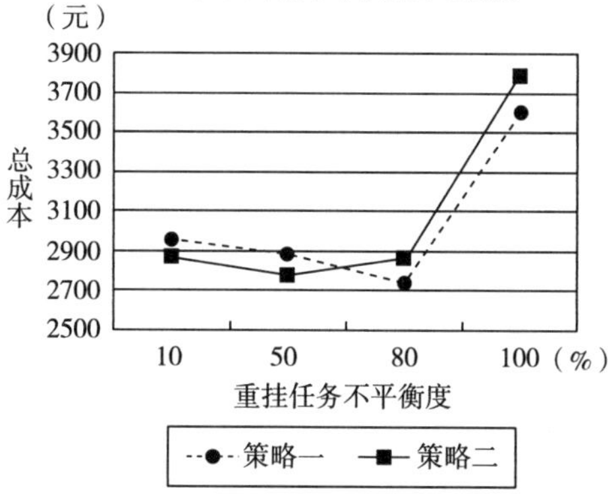

（b）两种策略求解的平均值

图 4－7　重挂任务不平衡度变化的求解结果

通过图 4－7 的曲线走势及对比可以看出，在重挂任务不平衡度较低时，采用策略二进行求解得到的结果要比策略一更优，证明该情形下利用重挂任务的不平衡性来影响空挂任务的调运方案，对系统整体运营成本的降低是有积极意义的。但随着重挂任务不平衡度的增大，客户节点越来越单一地体现为挂车运进节点或者挂车运出节点，这样挂车任务的起点和终点的交集缩小，两项任务之间的作业准备距离是 0 的情形也相应地减少。此时再利用重挂任务的不平衡度来规划空挂调运方案，在优化作业准备距离方面的优势已经变得非常微小，却使空挂任务本身导致的成本上升，且上升幅度超过了在作业准备距离方面的成本优化量，自然导致总成本的上升。在这种情况下，利用策略一进行求解，得到的方案中空挂任务本身造成的成本低，所以策略一的优势要超过策略二。

2. 空挂任务比例变化

仍然采用本节第一部分的算例，此处不对重挂任务作任何改变，在保持系统中的空挂车供给量和需求量为2∶1 的情况下，变化空挂任务的总量，令空挂任务与重挂任务的数量之比为1∶4、1∶2、3∶4 和1∶1，形成四组实验。其中，第一组实验和第三组实验，空挂的供给节点和需求节点在地理分布上各自集中，第二组实验和第四组实验，空挂的供给节点和需求节点在地理分布上相互混合。采用策略一和策略二分别对每组实验求解 1000 次，所得结果如图 4 – 8 所示。

通过分析图 4 – 8 可以看出，空挂任务的数量在从较低水平逐渐增长至与重挂任务数量持平的过程中，无论是求解的最优值还是平均值，策略二都比策略一效果更优。这是因为虽然四组实验中空挂任务的数量不同，空挂车供给节点和需求节点的地理分布特点不同，但基于节点重挂车进出的不平衡程度来规划空挂任务，总是可以在一定程度上减少两项任务之间的作业准备距离，随之带来成本的节约量要大于空挂任务自身带来的调运成本的上升量，故而可降低系统的总体运营成本。

（三）两种算法的仿真结果对比

为了进一步验证算法的有效性，本部分采用多邻域搜索的模拟退火算法对本节第一部分的算例再次求解。为进行更加充分的研究，分别为模拟退火算法中的两个重要参数——初始温度和降温速率设定一系列数值进行实验。初始温度的最大值设定为 1000，是根据 Kirk-patrick 所提出的规则确定的，降温速率则在常用范围［0.5，0.99］内

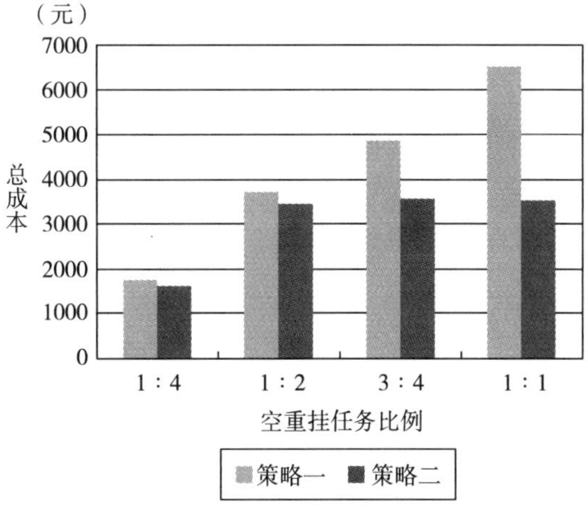

（a）两种策略求解的最优值

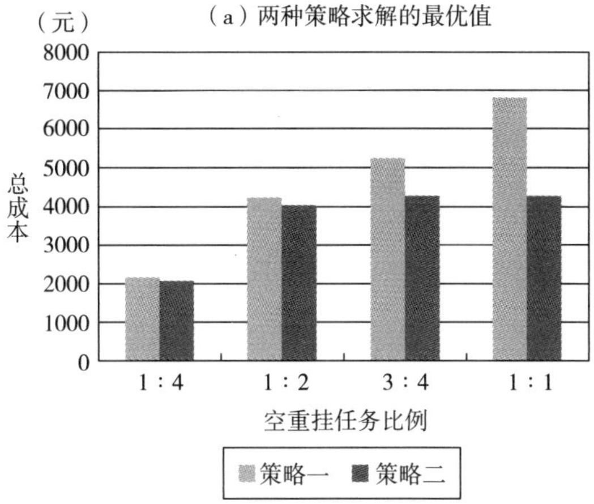

（b）两种策略求解的平均值

图 4－8　空挂任务比例变化的求解结果

选取。模拟退火算法的终止温度设置为 1，内循环次数设置为 1000，求解结果如表 4－5 所示。

通过表 4－5 所示的计算结果可以看出，无论算法的初始温度不同还是降温速率不同，收敛的结果均比本章算法所得的成本高，而且在相同的计算机设备上，模拟退火算法的计算耗时比本章的启发式算法要长得多，更进一步证明本章所设计算法在精度和效率方面较好。

表 4－5 模拟退火算法的求解结果

初始温度	1000	1000	1000	1000	1000	900	800	700	600	500
降温速率	0.9	0.8	0.7	0.6	0.5	0.9	0.9	0.9	0.9	0.9
求解用时（秒）	429.8	190.7	118.1	81.3	57.4	378.1	327.7	278.6	226.3	179.4
求解结果	3118.7	3279.1	3309.5	3353.4	3369.3	3149.7	3136.9	3186.4	3207.3	3268.6

在本章所设计的两种算法中，策略二是基于重挂任务 OD 所涉及所有节点的挂车进出不平衡程度来规划空挂任务，然后根据所有节点的挂车进出不平衡程度来进行整体调度方案的规划。通过以上四个算例的求解结果可以看出，除了任务顺差不平衡程度较大的情形，策略二的求解效果较优。策略二在求解网络型甩挂运输模式中的牵引车作业调度方面比较适用，因为在该模式下，系统中各个节点之间的挂车交流较频繁，整体的节点任务顺差的不平衡程度较低。

五、本章小结

甩挂运输中牵引车的作业调度虽然以任务为对象，但优化的本质还是要降低调度方案覆盖的实际路网距离，因此与系统中的节点密切相关。本章同时将节点和任务作为对象进行协同优化，利用空挂任务尚未确定的灵活性，一定程度弥补了系统内节点挂车进出的不平衡程度，为进一步推进甩挂运输的发展从理论和技术角度提供了支撑。

第五章

多车型交叉甩挂模式下的牵引车调度优化

在目前的甩挂运输作业中，同一型号的牵引车和挂车才能组合进行运输，但随着连接销的标准化，牵引车与挂车将会有更加灵活的匹配方式。本章基于“大车可拖小挂”的假设（即吨位大的牵引车可拖挂同车型或吨位小的挂车），提出多车型交叉甩挂模式建立调度模型，设计模拟退火算法进行求解，基于实际运营数据和改进的 Solomon 算例验证了模型和算法的有效性，并与其他三种头挂（即牵引车与挂车）匹配策略进行对比，以显示多车型交叉甩挂模式的优势和客户点分布对目标函数值的影响。

一、问题描述

本章在多车型交叉甩挂运输模式下进行牵引车的作业调度优化，此处的公路运网是由网络型甩挂结构与轴辐式甩挂结构两种基本甩挂运输结构相融合构成的，具体如图 5－1 所示。这种模式在集疏运体系中比较常见，如在滚装码头的挂车集疏运体系中，牵引车在决策期初从车场出发，按照调度方案前往存有待运挂车的节点，然后将挂车从节点运输至滚装码头，不断重复这一过程，直到完成所有指派的任务，最终返回车场。由于各节点的挂车进出量不均衡，需要在节点之间进行空挂车的调运，所以，该网络中挂车任务的OD并不局限在港口，可以是任意的两个节点。

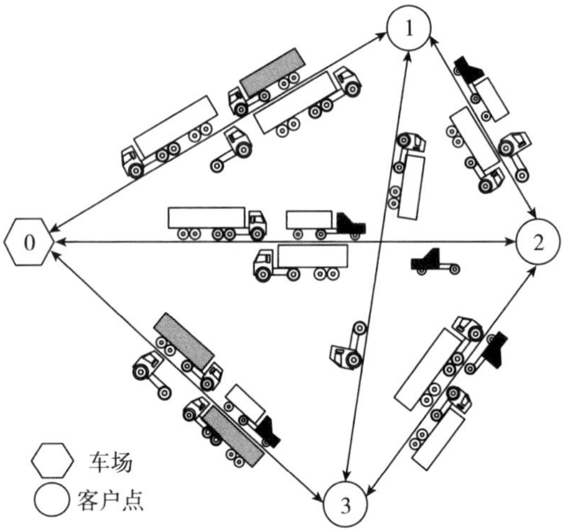

图5-1　混合网络型甩挂模式下的甩挂运输系统

本章对于空挂任务的处理则沿用了当前主流的处理方式：将空挂任务视为确定性任务，主要探究甩挂运输系统中利用多车型进行作业的优势。此处提出的多车型交叉甩挂，指的是系统中存在多种型号的牵引车和挂车，每种型号都对应一个载重量，载重量高的牵引车可以拖带不超过自身级别的挂车。例如，系统中有12吨、24吨和33吨三种级别的牵引车和挂车，12吨的牵引车仅能拖带12吨的挂车、24吨的牵引车可以拖带12吨或者24吨的挂车，33吨的牵引车可拖带所有的挂车。

这种多车型交叉甩挂模式的意义如图5－2所示，假设车型2的载重量高于车型1，如果不同的车型之间不可以进行交叉甩挂，那么车型1的某一台牵引车在执行完任务2之后，继续前往执行任务3，此时需要从节点3行驶到节点4，再折返至节点5，后返回车场，如图5－2左侧所示。但如果不同车型之间允许进行交叉甩挂，任务3就可以直接交由车型2的相应牵引车完成，如图5－2右侧所示，显然这种方案比原有的方案更优。

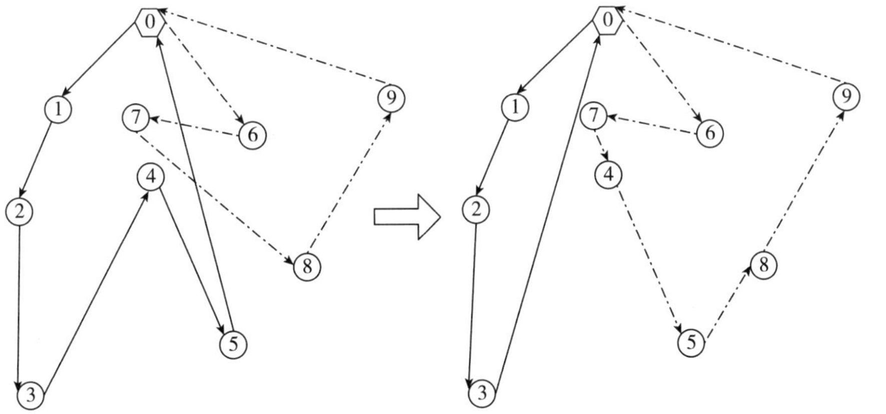

任务编号	1	2	3	4	5
任务起止点	(0,1)	(2,3)	(4,5)	(5,0)	(8,9)
任务时间窗	[7,12]	[8,13]	[10,15]	[10,15]	[12,17]

○ 客户点编号；　⓪ 车场
→ 车型1；　-·-→ 车型2

图5－2　多车型甩挂调度的现实意义

二、数学模型

在多车型交叉甩挂模式下的牵引车调度优化中，不同车型的牵引车和挂车在匹配上有兼容性，同时也存在着局限性。挂车任务根据其载重量的不同被划分为不同的任务类型，每一种任务类型都有明确的牵引车类型相对应。不同类型的牵引车在拖带不同类型的挂车时耗费的成本也不同，这是多车型交叉甩挂调度问题较一般的甩挂运输问题不同的地方。针对这一特点，本书建立数学模型如下。

（一）假设条件

（1）系统中存在单一车场，所有牵引车在决策期初从车场出发，执行完任务后返回车场。

（2）空挂车可以由所有类型的牵引车拖带，重挂车只能由不小于自身载重量的牵引车拖带。

（3）空挂车的类型不同带来的影响不加以考虑。

（4）所有的挂车任务都是确定的，每项任务对应一辆挂车。

（5）牵引车挂上/摘下挂车的操作时间忽略。

（6）在决策期内，若牵引车处于运行状态，其速度衡定。

（7）系统中现有的牵引车数量足以完成所有的任务。

（二）符号说明

1. 参数和集合

Q：牵引车的车型集合，按照其自身的载重量从低到高排列。

q：牵引车车型的编号。

K_q：q 车型所对应的牵引车总数。

k：牵引车车辆的编号。

T：挂车任务的集合。

i，j：挂车任务的编号。

$L=\{0, 1, 2, 3, \cdots, |Q|\}$：挂车任务的类型集合，0 对应于空挂任务，$\{1, 2, 3, \cdots, |Q|\}$ 对应于$|Q|$种重挂任务，重挂

任务类型的编号与牵引车类型的编号一一对应，也按照载重量从低到高排列。

l：任务类型的编号，$l \in L$。

l_i：任务 i 对应的挂车任务类型。

Q_l：能够执行类型为 l 的挂车任务的牵引车类型集合，如下：

$$Q_l = \begin{cases} Q, & l = 0; \\ Q / \{1, 2, \cdots, l-1\}, & l \geq 1 \end{cases}$$

T_l：类型为 l 的所有任务的集合。

$[E_i, L_i]$：任务 i 开始被牵引车执行的时间窗。

0：车场编号。

C：客户节点编号集合。

c，d：节点编号 v。

z_{cd}：从节点 c 运送至节点 d 的挂车数。

f_q：决策期内，一台类型为 q 的牵引车的固定成本，主要包括车辆自身的折旧、维修以及驾驶员的工资等。

c_q：决策期内，一台类型为 q 的牵引车独自运行单位距离的可变成本，主要指燃油消耗。

c_{ql}：决策期内，一台类型为 q 的牵引车拖带类型为 l 的挂车运行单位距离的可变成本，主要指燃油消耗。

v_1：牵引车独自行驶和拖带空挂车时的运行速度。

v_2：牵引车拖带重挂车时的运行速度。

T_{qk}^1：类型为 q 的牵引车 k 最早允许从车场出发的时刻。

T_{qk}^2：类型为 q 的牵引车 k 最晚允许返回车场的时刻。

D_i：任务 i 的 OD 之间的距离。

D_{ij}：任务 i 与任务 j 之间的作业准备距离，也就是在连续两项任务中，前一项任务的终点与后一项任务的起点之间的路网距离。

a：牵引车到达任务起点的时刻早于其时间窗较小值时的惩罚

系数。

b：牵引车到达任务起点的时刻晚于其时间窗较大值时的惩罚系数。

为了统一建模的形式，本章仍设置两项虚拟任务：

U_1：牵引车从车场出发的虚拟任务，可以将该任务视为 OD 均是车场的任务。

U_2：牵引车返回车场的虚拟任务，同样可以将该任务视为 OD 均是车场的任务。

2. 决策变量

$$Y_{iqk}=\begin{cases}1, & \text{任务 } i \text{ 由车型 } q \text{ 的车辆 } k \text{ 执行}\\ 0, & \text{其他}\end{cases}$$

$$Z_{ijqk}=\begin{cases}1, & \text{任务 } i,\ j \text{ 由车型 } q \text{ 的车辆 } k \text{ 连续执行}\\ 0, & \text{其他}\end{cases}$$

3. 决策变量决定的状态变量

t_{jqk}：任务 j 被类型 q 的牵引车 k 开始执行的时刻。当存在两项任务连续被同一台牵引车执行时，因为前一项任务的开始执行时刻、两任务之间的作业准备距离、牵引车的运行速度都是已知的，所以，后一项任务的开始执行时刻可以依据下式进行推导：

$$t_{jqk}=\begin{cases}T_{qk}^{1}+\dfrac{D_{U_1j}}{v_1}, & Z_{U_1jqk}=1\\[2ex] t_{iqk}+\dfrac{D_i}{v_1}\lfloor e^{-l_i}\rfloor+\dfrac{D_i}{v_2}\lceil 1-e^{-l_i}\rceil+\dfrac{D_{ij}}{v_1}, & Z_{ijqk}=1\end{cases}$$

$P(t_{iqk})$：任务 i 被类型为 q 的牵引车 k 执行时，因违反时间窗造成的惩罚成本：

$$P(t_{iqk})=\begin{cases}a(E_i-t_{iqk}), & t_{iqk}<E_i;\\ 0, & E_i\leqslant t_{iqk}\leqslant L_i;\\ b(t_{iqk}-L_i), & t_{iqk}>L_i.\end{cases}$$

（三）模型建立

目标函数：

$$\min \sum_{q \in Q} \sum_{k=1}^{K_q} \sum_{j \in T} f_q Z_{U_1 jqk} + \sum_{q \in Q} \sum_{k=1}^{K_q} \sum_{i,j \in T} c_q D_{ij} Z_{ijqk} + \sum_{q \in Q_l} \sum_{k=1}^{K_q} \sum_{l \in L} \sum_{i \in T_l} c_{ql} D_i Y_{iqk} + \sum_{q \in Q} \sum_{k=1}^{K_q} \sum_{i \in T} P(t_{iqk}) \tag{5-1}$$

约束条件：

$$\sum_{q \in Q} \sum_{k=1}^{K_q} Y_{iqk} = 1, \quad i \in T \tag{5-2}$$

$$\sum_{q \in Q} \sum_{k=1}^{K_q} \sum_{i \in T} Z_{U_1 iqk} = \sum_{q \in Q} \sum_{k=1}^{K_q} \sum_{i \in T} Z_{iU_2 qk} = 1 \tag{5-3}$$

$$\sum_{q \in Q} \sum_{k=1}^{K_q} \sum_{i \in T \cup \{U_1\}} Z_{ijqk} = \sum_{q \in Q} \sum_{k=1}^{K_q} Y_{jqk}, \quad j \in T \tag{5-4}$$

$$\sum_{q \in Q} \sum_{k=1}^{K_q} \sum_{i \in T \cup \{U_2\}} Z_{jiqk} = \sum_{q \in Q} \sum_{k=1}^{K_q} Y_{jqk}, \quad j \in T \tag{5-5}$$

$$\sum_{i,j \in T \cup \{U_1, U_2\}} \frac{D_{ij}}{v_1} Z_{ijqk} + \sum_{i \in T} \left(\frac{D_i}{v_1} \lfloor e^{-l_i} \rfloor + \frac{D_i}{v_2} \lceil 1 - e^{-l_i} \rceil \right) Y_{iqk} \leqslant T_{qk}^2 - T_{qk}^1, \quad q \in Q, k \in \{1,2,3,\cdots,K_q\} \tag{5-6}$$

$$\sum_{q \in Q} \sum_{k=1}^{K_q} \sum_{i \in T} Y_{iqk} = 0, \quad q < l_i \quad ,k \in \{1,2,3,\cdots,K_q\} \tag{5-7}$$

$$\sum_{q \in Q} \sum_{k=1}^{K_q} \sum_{j \in T} Z_{U_1 jqk} \leqslant \sum_{q=1}^{Q} K_q \tag{5-8}$$

$$\sum_{j \in T} Z_{U_1 jqk} \leqslant K_q, \quad q \in Q, k \in \{1,2,3,\cdots,K_q\} \tag{5-9}$$

$$\sum_{q \in Q} \sum_{k=1}^{K_q} \sum_{j \in \{U_2\} \cup T} Z_{ijqk} = \sum_{q \in Q} \sum_{k=1}^{K_q} \sum_{j \in \{U_1\} \cup T} Z_{jiqk}, \quad i \in T \tag{5-10}$$

$$\sum_{d \in \{0\} \cup C} z_{cd} = \sum_{d \in \{0\} \cup C} z_{dc}, c \in \{0\} \cup C \tag{5-11}$$

$Z_{ijqk} \in \{0, 1\}$，　$i, j \in T \cup \{U_1, U_2\}$　，$q \in Q$，$k \in \{1, 2,$

3, …, $K_q\}$ (5-12)

$$Y_{iqk} \in \{0, 1\}, \quad i \in T, \ q \in Q, \ k \in \{1, 2, 3, \cdots, K_q\} \tag{5-13}$$

式（5-1）表示以最小化总成本作为优化目标，总成本的第一项对应于系统启用牵引车耗费的固定成本，第二项对应于所有类型的牵引车空驶的可变成本，第三项对应于牵引车拖带挂车运行时耗费的可变成本，第四项对应于惩罚成本。相较于其他三种模式，该模式下包含因违反时间窗造成的惩罚成本，这是因为在该模式下，同一挂车任务可能会由不同类型的牵引车来执行，这种背景下调度和协调本身要更复杂，对时间窗的要求相对宽松，所以可以存在违反时间窗的情形，但要付出相应的成本代价，而在其他模式中，时间窗的要求非常严格，属于硬时间窗，直接在约束中限制不允许违反其要求。式（5-2）确保每一项挂车任务由且仅由一台牵引车执行；式（5-3）确保所有牵引车的运行路径的起止点都是车场。式（5-4）限制每一项挂车任务至多有一项紧前任务。式（5-5）限制每一项挂车任务至多有一项紧后任务。式（5-6）保证牵引车连续工作的时长在决策期限制内。式（5-7）中如果牵引车类型的编号比其所执行的任务对应的类型编号小，也就是当牵引车的载重量比挂车的载重量小时，该类型下不会存在可以执行该挂车任务的牵引车，这样就能够保证牵引车拖带的挂车不超出其自身的载重量限制。式（5-8）是所使用的牵引车在使用数量方面的约束。式（5-9）是每种类型的牵引车在使用数量方面的约束。式（5-10）保证任务的流量平衡。式（5-11）确保各个节点处挂车的供给和需求平衡。式（5-12）和式（5-13）是决策变量的取值范围约束。

三、算法设计

多车型交叉甩挂模式的特点简言之就是“大车可拖小挂”。根据这一特点，本章在用混合模拟退火算法进行求解时，采用了一种变长度的整数编码方式，这种方式是指编码中不同的任务序列可以有不同的长度，以保证解的多样性。在算法生成新解的过程中采用双邻域的搜索规则，能够有效地避免“小车拖大挂”的情形，以减少不可行解的数量，同时还能够为邻域搜索保留有足够的空间。

（一）变长度整数编码

变长度整数编码直接以任务编号作为编码的对象，图 5－3 给出了一个三种车型 50 项任务的调度方案编码。因为共有三种车型，所以相对应地，编码分为三个部分，每个部分是一种车型的作业调度方案，每一行是一台牵引车执行的任务序列。

车型1		
8	19	5
29	23	27

车型2					
25	1	28	11	38	12
22	30	33	24	36	2
31	35	39			

车型3									
41	9	47	26	6	21	34	16	44	15
46	40	20	3	49	17	43	37	13	7
14	48	18	32	50	42	10	4	45	

图 5－3　编码方式

在图5-3所示的调度方案中，数字直接对应于任务的编号，其中，数字1~20对应于空挂任务，数字21~30表示与车型1的载重量相当的重挂任务，这两种类型的任务可以被三种车型中的任意一台牵引车执行，因此，数字1~30在编码中的三个部分都存在。数字31~40表示与车型2的载重量相当的重挂任务，此部分任务可以被车型2和车型3的任意一台牵引车完成，所以在编码中只出现在下方的两个区域中。数字41~50表示与车型3载重量相当的重挂任务，只能被车型3的牵引车执行，因此只分布在车型3对应的编码区域中。

通过分析还可以发现，牵引车对应的任务序列的长度与其能够服务的挂车任务的类型多少有关系，能够服务的挂车任务类型越多，对应的任务序列就可能越长，这种现象就是本章所称的“变长度整数编码”的主要原因。

（二）启发式规则生成初始解

依照“大车可拖小挂”的特点，此处将每种车型可以执行的任务单独放置于相应的集合中，并称之为任务池。仍然以牵引车的类型共有三种为例，车型1的载重量最小，车型3的载重量最大。此时，三种车型均能够执行空挂任务，所以相应地三个任务池中均包含空挂任务。对重挂任务而言，车型1只能拖带载重量最小的挂车，所以，对应于车型1的任务池最小；车型2对应的任务池除了包含与其载重量相对应的重挂任务外，还包含车型1的任务池中的任务；而车型3的载重量最大，能够拖带所有的重挂车，所以车型3对应的任务池包含所有任务。令A=车型3任务池/车型2任务池，B=车型2任务池/车型1任务池，C=车型1任务池。

根据这种任务池存在包含关系的特点，以车型1的牵引车初始作业调度方案生成为例，本章设计相应的生成规则如图 5－4 的流程所示。

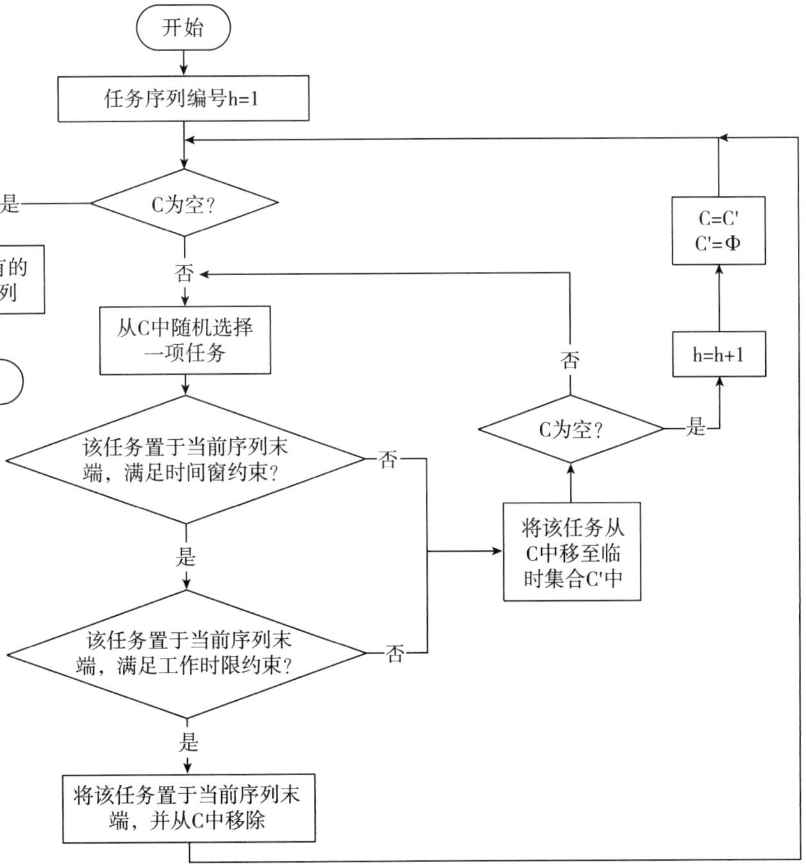

图 5－4　初始解生成规则

与车型 1 的初始任务序列生成相似，车型 2 的初始任务序列和车型 3 的初始任务序列也要按照图 5－4 所示流程，分别操作集合 B 和集合 A 生成。在每种车型的初始任务序列都生成之后，将其进行组合，就形成了整体的初始调度方案。

（三）双邻域搜索

在邻域搜索的过程中，载重量小的挂车任务可以被移到载重量大的牵引车对应的任务序列中，但逆向操作则会形成非可行解。本章算法在邻域搜索生成新解的过程中，将上述特点考虑在内，利用交换和插入两种手段来实现。邻域搜索的方法是，在整体的牵引车作业方案编码中随机选择两个位置，然后按照如下的三个规则进行对应的操作：

规则1：如果被选中的两个位置处于同一车型对应的任务序列中，则直接将两项任务交换位置。

规则2：如果被选中的两个位置位于不同车型的任务序列中，则先判断交换之后是否符合牵引车与挂车的匹配约束，如果都能匹配，直接交换两项任务，如果不能完全匹配，就将载重量小的挂车任务移动到载重量大的牵引车对应的那条任务序列中所选中的任务之后。

规则3：利用前两条规则生成新解之后，如果存在不可行解，则检查被操作过的任务序列中，是否所有任务都能满足其自身的时间窗要求，以及执行该任务序列耗费的时间是否满足决策期约束。如果存在违反约束的任务，将其移除，置入为该车型新添加的任务序列中。在对原有的任务序列都进行该项操作之后，重新检查新添加的任务序列并重复此操作，直到调度方案完全符合约束条件。

四、算例分析

（一）基于运营数据的算例分析

1. 车型信息

本章算例参照某运输公司甩挂业务的相关运营数据，共设置三种不同载重量的牵引车和挂车，车辆信息如表 5－1 所示。同一类型的牵引车在拖带挂车时运营成本主要取决于自身的机械参数，因此即使拖带不同载重量的挂车，其油耗也相差不大，所以每种类型的牵引车拖带重挂车的单位成本设为一致。

表 5－1　牵引车车型信息

车型	载重量（吨）	固定成本（元）	空驶成本（元/公里）	拖空挂成本（元/公里）	拖重挂成本（元/公里）
1	12	100	0.5	1.0	1.8
2	24	150	0.9	1.5	2.4
3	33	200	1.4	2.2	3.0

2. 各点分布情况

本算例中设置有 1 个车场和 12 个客户节点，所有的节点分布在 450 公里×450 公里的地理范围内。

3. 任务信息

算例共包含 50 项任务，如表 5－2 所示。表格中的前 20 项是空挂任务，第21～30项任务、第31～40项任务和第41～50项任务分别是载重量为12吨、24吨和33吨的重挂车的拖运任务。同时，表5-2还给出了任务的OD和时间窗信息。

表5-2　任务信息

起止点编号	起点时间窗	起止点编号	起点时间窗	起止点编号	起点时间窗	起止点编号	起点时间窗	起止点编号	起点时间窗
(1, 2)	[2, 8]	(7, 9)	[13, 19]	(0, 7)	[11, 17]	(10, 0)	[14, 20]	(0, 6)	[12, 18]
(3, 2)	[0, 6]	(7, 10)	[8, 14]	(6, 0)	[8, 14]	(5, 0)	[11, 17]	(4, 0)	[11, 17]
(3, 4)	[0, 6]	(7, 5)	[9, 15]	(0, 10)	[9, 15]	(0, 10)	[17, 23]	(5, 0)	[10, 16]
(3, 9)	[0, 6]	(12, 11)	[14, 20]	(0, 3)	[8, 14]	(0, 4)	[12, 18]	(6, 0)	[9, 15]
(1, 8)	[18, 24]	(12, 8)	[10, 16]	(0, 9)	[10, 16]	(7, 0)	[5, 11]	(0, 10)	[18, 24]
(1, 9)	[16, 22]	(1, 2)	[9, 15]	(12, 0)	[11, 17]	(0, 6)	[14, 20]	(12, 0)	[11, 17]
(3, 10)	[1, 7]	(1, 6)	[7, 13]	(11, 0)	[13, 19]	(0, 8)	[10, 16]	(0, 11)	[12, 18]
(6, 5)	[1, 7]	(2, 4)	[8, 14]	(4, 0)	[8, 14]	(0, 12)	[15, 21]	(0, 4)	[8, 14]
(6, 10)	[3, 9]	(3, 4)	[10, 16]	(0, 11)	[13, 19]	(8, 0)	[8, 14]	(7, 0)	[6, 12]
(6, 9)	[15, 21]	(4, 3)	[5, 11]	(0, 4)	[9, 15]	(1, 0)	[15, 21]	(11, 0)	[9, 15]

4. 其他参数

令决策期为24小时；牵引车到达任务起点过早，违反时间窗的惩罚成本为50元/小时；牵引车到达任务起点过晚，违反时间窗的惩罚成本为90元/小时；牵引车的运行速度均设置为75公里/小时。

在混合模拟退火算法方面，初始温度设置为1000，终止温度设置为1，降温速率设置为0.9，内循环次数设置为1000－T/2（T表示当前温度）。

5. 结果对比与分析

运用所设计的算法对问题进行重复求解，四种策略所得结果的对比如图 5－5 和图 5－6 所示，这四种策略分别是车型 3 单独使用、车型 2 和 3 有交叉、三种车型有交叉以及三种车型无交叉。其中，车型 3 单独使用是指仅采用车型 3 这一种车型的牵引车完成所

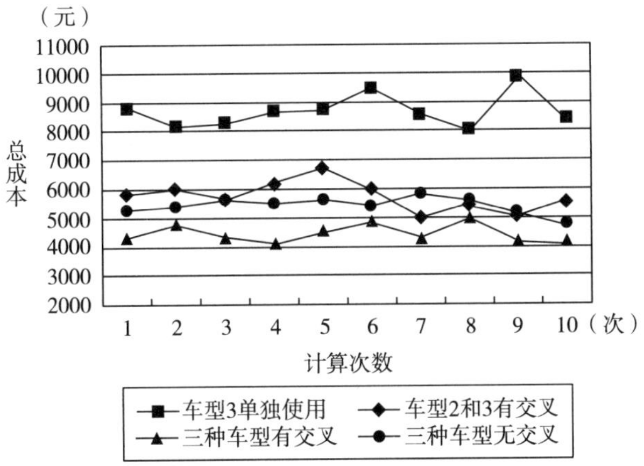

图 5－5　不同策略的结果对比

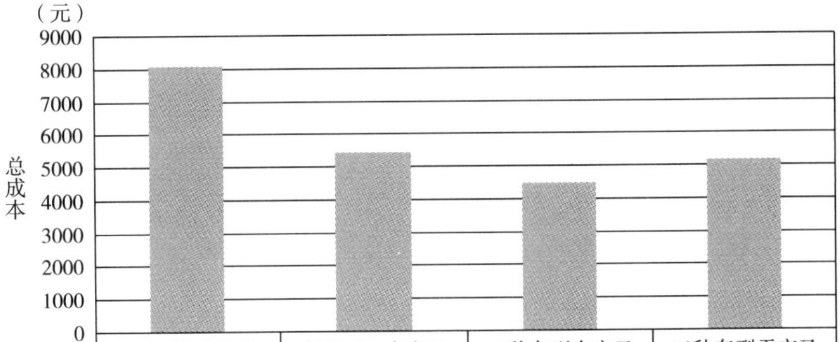

	车型3单独使用	车型2和3有交叉	三种车型有交叉	三种车型无交叉
总成本（元）	8058.8	5440.0	4478.5	5200.5

图 5－6　计算 100 次的平均值

有任务；车型2和3有交叉是指采用车型2和车型3两种车型的牵引车完成所有的挂车任务，两种车型之间存在“大车拖小挂”的情形；三种车型无交叉是指采用三种车型的牵引车完成所有的挂车任务，但每一台牵引车仅能拖带与自身载重量相同的挂车；三种车型有交叉是指本章提出的模式。

从图5－5和图5－6显示的结果可以看出，车型3单独使用这一策略的运营成本最高；车型2和3有交叉这一策略比车型3单独使用，在目标函数上有较大的优化；三种车型无交叉这一策略与车型2和3有交叉这一策略相比略有优势；三种车型有交叉这一策略从结果来看是最优的。

三种车型的牵引车同时参与挂车的拖运，比仅仅使用一种车型的牵引车或者使用两种车型的牵引车的成本要低，证明针对不同的挂车任务安排合适车型的牵引车，以达到充分利用运力的目标，是降低目标函数的一个重要的前提。三种车型有交叉这一策略可以得到更优的牵引车调度方案，是因为所使用的牵引车从时间和距离两方面对应着更大的优化空间，从而能够进行更加有效地资源整合，使得总成本得到有效降低。

（二）改进的Solomon算例

1. 算例改进

Solomon算例是VRP问题中的经典算例。本章选取与实际运营数据较为接近的R109和C109两组算例，根据需求量大小设计任务类型，随机生成任务的端点，选取前25个客户的数据进行求解，牵引车的相关参数同本节第一部分的算例。

2. 结果分析

运用所设计的算法求解该问题，重复此过程，所得结果如图5－7和图5－8所示。

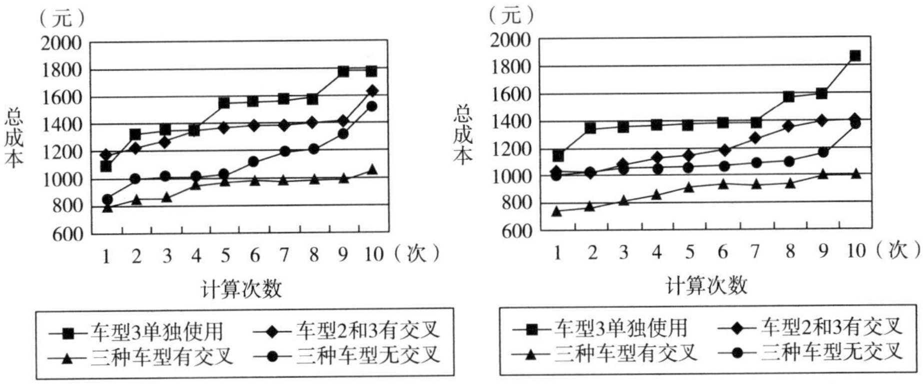

（a）R型算例计算结果　　（b）C型算例计算结果

图 5-7　计算结果

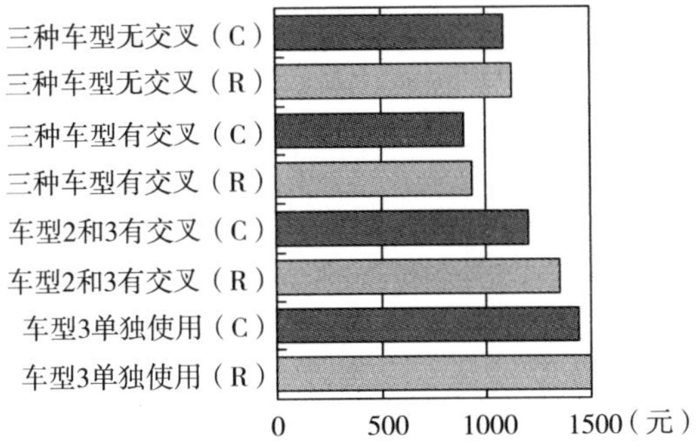

图 5-8　平均值对比

由图 5-7 的计算结果可以看出，无论客户点分布离散还是集中，各策略求解所得方案的优劣排序仍为三种车型有交叉 > 三种车型无交叉 > 车型 2 和 3 有交叉 > 车型 3 单独使用（ > 表示更优），这与本节第一部分算例的结论一致。

图 5-8 显示了 8 种情形下总成本的平均值对比，从中可以看出，R 型分布较 C 型分布的总调度成本更高，这是因为在 R 型分布中，客户点分布离散，任务 OD 点间的距离和任务间的作业准备距离较大，而在 C 型分布中，客户点小规模聚集，仅有部分任务 OD

点之间及任务间的作业准备距离较大，因此优化空间较 R 型分布更大。

五、本章小结

本章提出多车型交叉甩挂的模式，建立了相应的混合整数规划模型，并设计模拟退火算法进行求解。算例结果表明，利用多车型甩挂运输相比于单一车型甩挂运输可以更恰当地安排运力，物尽其用；而利用多车型交叉甩挂模式相比于非交叉模式则能够在更大的优化空间内节约行驶距离或降低对时间窗的违反程度，进而降低总成本。

第六章

中途甩挂模式下的干/支线两级运输网络牵引车调度优化

在干/支线两级运输网络中，若任务的时间窗允许，执行干线任务的牵引车在某一干线节点可临时摘下当前所拖带的挂车，执行部分其他任务，这一模式即为中途甩挂模式。本章即在该模式下对牵引车的调度进行优化研究。

一、问题描述

甩挂运输发展到一定水平之后，网络结构更加复杂，节点及路径根据货量的不同会有等级之分，换言之，甩挂运输网络会演变为一个多级网络。网络中货物流量比较大的路径，节点的货物处理能力强，该路径的挂车载重量大且数量多，称这部分路径为干线路径，而货物流量较小的路径则相反，称这部分路径为支线路径，图 6－1 给出了一个两级甩挂运输网络的示意图。

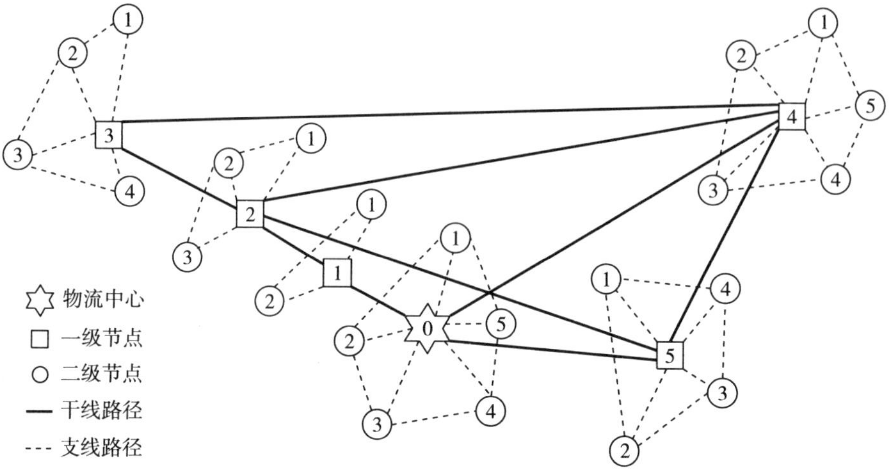

图 6－1　两级运输网络示意

在通常情况下，干线路径上的牵引车载重量大，仅执行干线任务，支线路径上的牵引车载重量小，仅执行支线任务。但基于第五章的研究结论可以看出，如果干线路径上的牵引车可以在两项干线任务之间执行合适的支线任务，能够在很大程度上节约系统的总体运营成本。

另外，部分干线任务在中途还会存在其他节点，在这些中途节点处可能也会存在待完成的支线任务。如果干线路径的牵引车行驶至中途节点后，能够将所拖带的挂车甩下，临时执行这部分支线任务，再回到甩挂节点，挂上原来的挂车继续完成原来的任务，就能使问题获得更大的优化空间，这种模式即为中途甩挂模式。而且，在科技高度发达的今天，移动设备 GPS 导航业已普及，中途甩挂后执行其他任务时司机对路线的陌生已经不是现实运作的障碍，这为中途甩挂模式的开展提供了技术保障。

本章针对中途甩挂模式下的牵引车调度优化展开研究。甩挂运输网络由两级节点和两级运输路径构成，如图 6－1 所示。0 代表物流中心，节点 1、2、3、4、5 代表客户点，这些是一级节点。每一个一级节点辐射若干地理位置临近的二级节点，并形成一个区域性的轴辐式网络。一级节点之间的路径称为干线路径（图中的实线），在这些路径上的货物流量比较大。一级节点与二级节点之间、二级节点之间的路径称为支线路径（图中的虚线），在这些路径上的货物流量相对较小。

挂车运输任务（简称任务）是指空的半挂车在某一节点装货结束后，需要由牵引车拖带至目的节点的运输过程。由于半挂车的装卸时间较长，在节点处一般是挂车排队等待装卸，因此某一节点处的挂车数量是足够周转的，不考虑空挂车在系统中的调运。需要注意的是，所有任务分为两类：一类任务的 OD 是一级节点，只在干线路径上运输，这部分任务称为干线任务。另一类任务的 OD 是二级节点，或者分别是一级节点和二级节点，只在支线路径上运输，这部分任务称为支线任务。

决策期（一般为 1 天）开始时，牵引车从一级节点（取决于上一决策期结束时，牵引车停留的位置）出发，按照调度计划进行作业，在决策期结束时，若牵引车在本决策期内最后一项任务的终点是一级节点，牵引车可以直接停留在该点，否则牵引车需要在决策期结束前返回当前二级节点隶属的一级节点。

在传统的甩挂运输问题中，牵引车在挂上一台半挂车从起始节点出发后，必须一直行驶至该半挂车的目的节点后才可将其摘下。但实际运营中必然存在如下情况：牵引车在执行任务 A 的途中将当前所拖带的挂车摘下，临时执行任务 B 后，继续完成任务 A 能够使得系统的整体运营更加优化，又不违反相关约束。此时引入牵引车中途甩挂模式就显得十分必要，图 6－2 量化说明了优化的机理。

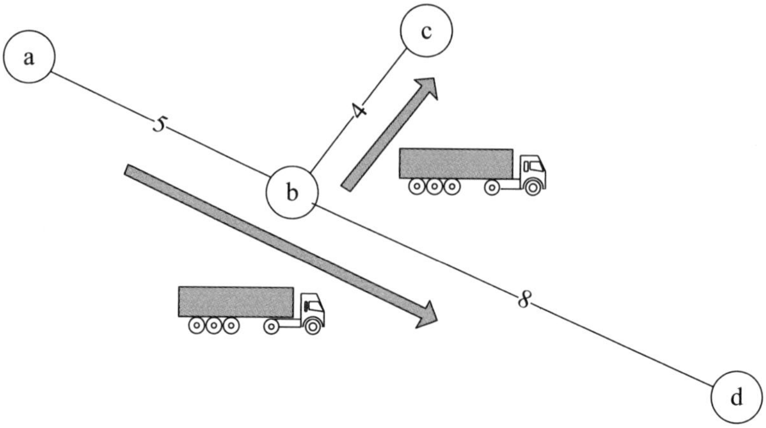

图 6－2　牵引车中途甩挂的必要性图解

图中存在 a、b、c、d4 个节点，节点间连线的权重代表路径长度。存在两项任务，任务 A：a→d，任务 B：b→c，如果两项任务由同一台牵引车执行且不允许中途甩挂，牵引车的工作路径是 a→b→d→b→c，总路程为 5＋8＋8＋4＝25 公里；如果两项任务分别由两台牵引车执行，则会增加系统的固定成本。但如果引入牵引车中途甩挂模式，两项任务由同一台牵引车执行，牵引车执行任务 A 时在节点 b 将挂车摘下，临时执行任务 B，再返回节点 b 挂上原来的挂车继续前行到节点 d，工作路径为 a→b→c→b→d，总路程为 5＋4＋4＋8＝21 公里。显然，这样既可减少牵引车的使用数量，又可节约牵引车的运行距离，能够较大程度降低成本。而且从系统整体而言，此种情形存在于多对任务之间，优化效果将更加显著。

只有干线任务才会存在中途甩挂的情形，因为在执行某一干线任务的过程中，除了其对应的 OD 之外，牵引车有可能途经其他的一级节点，该一级节点可能会存在以该点为起始点，又满足时间窗要求的待执行任务，所以该牵引车可能会临时甩挂，执行其他任务。但支线任务都是以某个一级节点为中心进行货物集散的，所有支线任务都是以一级节点为起点、二级节点为终点，或相反，中途不存在其他节点，因此不存在中途甩挂的情形。

干线任务的 OD 都是大型场站，决策期内完成即可，但支线任务的 OD 规模较小，一般只在白天工作，因此，支线任务的时间窗比较严格。

二、数学模型

（一）假设条件

（1）路网中节点之间的连通性以及相连的节点间的距离（以最短距离计）已知。

（2）牵引车可拖带任意一辆挂车，且一次只能拖带一辆挂车。

（3）所有的挂车任务都是确定的，每项任务对应一辆挂车。

（4）系统中现有的牵引车数量足以完成所有的任务。

（5）决策期开始时，所有任务的 OD 已知，所有牵引车的停留位置已知。

（二）符号说明

1. 参数和变量

0：物流中心。

$V=\{0, 1, 2, \cdots, n, \cdots, N\}$：一级节点集合。

V_n：一级节点 n 对应的二级节点集合。

α_p：0－1 变量，节点 p 若为一级节点，其值为 1，节点 p 若为二级节点，其值为 0。

β_{pq}：0－1 变量，二级节点 $q \in V_p$，其值为 1，否则为 0。

D_{pq}：两节点 p 和 q 之间的距离，p，$q \in V \cup (\bigcup_{n=0}^{N} V_n)$。

M：所有任务集合。

M_1：路径中只含有 OD 两个一级节点的干线任务集合。

M_2：路径中除 OD 外，还有其他一级节点的干线任务集合。

M_3：支线任务集合，$M_1 \cup M_2 \cup M_3 = M$。

$\tilde{M}$：将 M_2 中的任务进行分解。例如，若任务 i 除了其 OD 外，中途还存在另一个干线节点，则将任务 i 分解为两项子任务 $\{s_{i1}, s_{i2}\}$，并在集合 M 中用 $\{s_{i1}, s_{i2}\}$ 取代 i。这样，将 M_2 中的所有任务分解为子任务，这些子任务、M_1 以及 M_3 构成了 $\tilde{M}$。

i，j：任务编号。

φ_i：0－1 变量，若任务 i 为干线任务，其值为 1，若任务 i 为支线任务，其值为 0。

O_i：任务 i 的起始节点。

D_i：任务 i 的终止节点。

H_i：M_2 中的干线任务 i 分解后的子任务集合。

γ_i：M_2 中的干线任务 i 分解后的子任务数量，$\gamma_i = |H_i|$。

s_{il}：干线任务 i 分解后的第 l 项子任务的编号，$i \in M_2$，s_{il}的 OD 分别为干线任务 i 路径中从 O_i 开始，第 l 个一级节点和第 $(l+1)$ 个一级节点。

T_Δ：牵引车摘/挂一辆挂车需要的操作时间。

$[E_i, L_i]$：任务 i 的时间窗。

K：牵引车集合。

k：牵引车编号。

n_{k1}：决策期开始时牵引车 k 所在的节点，$n_{k1} \in V$。

v_1：牵引车在干线的运行速度。

v_2：牵引车在支线的运行速度。

f：决策期内一台牵引车的固定成本，主要包括车辆自身的折旧、维修以及驾驶员的工资等。

c：决策期内一台牵引车运行单位距离的可变成本，主要指燃油消耗。

L：足够大的正数。

2. 决策变量

Y_{ik}：0－1 变量，如果任务 i 被牵引车 k 执行，其值为 1，否则为 0。

Z_{ijk}：0－1 变量，如果任务 i 和任务 j 被牵引车 k 连续执行，其值为 1，否则为 0。

3. 决策变量决定的状态变量

w_{kr}：牵引车 k 执行的第 r 项任务的编号，$w_{k(r+1)} = \sum_{j \in \widetilde{M}} j y_{kw_{kr}j}, k \in K$。

t_{k0}：牵引车 k 从其起点出发的时刻。

t_{i1}：任务 i 开始执行的时刻，牵引车到达该任务起始点即为开始执行该任务，针对任务 w_{kr}，

$$t_{w_{kr1}} = \begin{cases} T_0 + \dfrac{D_{n_{k1}Ow_{kr}}}{v_1 a_{Ow_{kr}} + v_2(1 - a_{Ow_{kr}})}, & r=1, \quad k \in k; \\ t^{end}_{w_{k(r-1)}} + \dfrac{D_{Dw_{k(r-1)}Ow_{kr}}}{v_1 a_{Dw_{k(r-1)}} a_{Ow_{kr}} + v_2(1 - a_{Dw_{k(r-1)}} a_{Ow_{kr}})}, & r \geqslant 2, \quad k \in K。 \end{cases}$$

t_{i2}：任务 i 执行结束时刻，到达目的地摘下挂车视为任务结束，针对任务 w_{kr}，$t_{w_{kr}2} = t_{w_{kr}1} + 2T_\Delta + \dfrac{D_{O_{w_{kr}}D_{w_{kr}}}}{v_1\varphi_{w_{kr}} + v_2\ (1 - \varphi_{w_{kr}})}$，$k \in K$。

b：牵引车 k 执行的任务总数，$b=\sum_{i\in\widetilde{M}}Y_{ik}$，　$k\in K$。

n_{k2}：决策期结束后牵引车 k 停留的一级节点。

（三）模型建立

目标函数：

$$\min f\sum_{k\in K}\left|\frac{\sum_{i\in\widetilde{M}}Y_{ik}}{|\widetilde{M}|}\right|+c\sum_{k\in K}\sum_{i,j\in\widetilde{M}}(D_{n_{k1}O_{w_{k1}}}+Y_{ik}D_{O_iD_i}+Z_{ijk}D_{D_iO_j}+D_{D_{w_{kb}}n_{k2}})\tag{6-1}$$

约束条件：

$$\sum_{k\in K}Y_{ik}=1,\quad i\in\widetilde{M}\tag{6-2}$$

$$\sum_{s_{il}\in H_i}Y_{s_{il}k}=\gamma_i,k\in K\tag{6-3}$$

$$\frac{|t_{s_{i_2l}1}-t_{s_{i_11}1}|+|t_{s_{i_2l}1}-t_{s_{i_1\gamma_{i_1}}2}|}{t_{s_{i_1\gamma_{i_1}}2}-t_{s_{i_11}1}}>1,\quad i_1,\ i_2\in M_2,\ l\in\{1,\ 2,\ \cdots,\ \gamma_{i_2}\}\tag{6-4}$$

$$n_{k2}=D_{w_{kb}}\alpha_{D_{w_{kb}}}+\sum_{p\in V}p(1-\alpha_{D_{w_{kb}}})\beta_{pD_{w_{kb}}},\quad k\in K\tag{6-5}$$

$$t_{i1}\geqslant E_i,\quad i\in\widetilde{M}\tag{6-6}$$

$$t_{i2}\leqslant L_i,\quad i\in\widetilde{M}\tag{6-7}$$

$$[E_{s_{il}},\ L_{s_{il}}]=[E_i,\ L_i],\quad i\in M_2,\ l\in\{1,\ 2,\ \cdots,\ \gamma_i\}\tag{6-8}$$

$$\sum_{j\in\widetilde{M}}Z_{ijk}\leqslant Y_{ik},\quad k\in K,i\in\widetilde{M}\tag{6-9}$$

$$\sum_{i\in\widetilde{M}}Z_{ijk}\leqslant Y_{jk},\quad k\in K,j\in\widetilde{M}\tag{6-10}$$

$$t_{i2}+\frac{D_{D_iO_j}}{v_1\alpha_{D_i}\alpha_{O_j}+v_2(1-\alpha_{D_i}\alpha_{O_j})}-t_{j1}\leqslant L(1-Z_{ijk}),\quad k\in K,\ i,$$

$$j \in \tilde{M} \tag{6-11}$$

$$t_{s_{i(l+1)}1} - t_{s_{il}2} \geqslant 0, \quad i \in M_2, \ l \in \{1, 2, \cdots, \gamma_i\} \tag{6-12}$$

$$Y_{ik}, \ Z_{ijk} \in \{0, 1\}, \quad k \in K, \ i, \ j \in \tilde{M} \tag{6-13}$$

式（6-1）为目标函数，以最小化总成本为目标，第一项对应于系统启用牵引车耗费的固定成本，第二项对应于牵引车因拖带挂车运行及空驶所耗费的可变成本。约束式（6-2）保证每项任务都被执行。约束式（6-3）保证所有子任务都必须由同一台牵引车执行。约束式（6-4）避免牵引车在中途甩挂后临时执行其他干线任务分解得到的子任务。约束式（6-5）保证牵引车最终返回就近的一级节点。约束式（6-6）和式（6-7）是每项任务的时间窗限制。约束式（6-8）保证分解后的子任务与未分解的干线任务时间窗一致。约束式(6-9）和式（6-10）是任务流约束。约束式（6-11）是任务执行时间约束。约束式（6-12）是各子任务执行的顺序限制。约束式(6-13）是决策变量取值范围约束。

三、算法设计

本章所提出的中途甩挂模式与 TTRP 问题的模式十分相似。模拟退火算法在解决 TTRP 问题上的有效性已经得到了论证（Lin 等，2009；Lin 等，2011）。本章采用模拟退火算法进行求解，初始可行解采用两阶段启发式规则生成，邻域搜索采用序列内插入、序列间插入、序列间交换和牵引车交换四种策略。同时，为了进一步提高解的质量，对最终获得的解进行后优化。

（一）编码方式

为了清晰地区分出一级节点和二级节点，以及某个一级节点与以该点为中心的区域轴辐式网络中的二级节点的对应关系，将二级节点编号为 p_q 的形式，其含义为以一级节点 p 为中心的区域轴辐式网络中的二级节点 q。

以图 6－1 的路网为例，表 6－1 给出了一个示例算例的任务情况，图 6－3 给出了一个调度方案对应的编码方式。

表 6－1　示例的任务设置

任务编号	任务 OD	可分解成的子任务	分解后的子任务的 OD	任务编号	任务 OD	可分解成的子任务	分解后的子任务的 OD
1	0→3	s_{11}	0→1	4	5→0	—	—
		s_{12}	1→2	5	2→4	—	—
		s_{13}	2→3	6	1→1_ 2	—	—
2	1→5	s_{21}	1→0	7	2_ 2→2	—	—
		s_{22}	0→5	8	0_ 3→0	—	—
3	0→2	s_{31}	0→1				
		s_{32}	1→2				

图 6－3　示例对应的调度方案编码

每一条任务序列是一台牵引车的任务执行方案。当干线任务分解成子任务后，两项子任务之间存在其他任务，表明牵引车在前一项子任务的终点处甩下挂车，临时执行了这部分任务，然后回到该甩挂节点挂上原来的挂车继续执行该项干线任务。若两项子任务之间没有其他任务，表明这两项子任务是连续执行的，牵引车并没有在中途甩挂。

（二）初始解生成规则

在已知所有任务的 OD、时间窗以及牵引车的初始位置的情况下，生成一个调度方案需要决策两方面内容：①具体的若干条任务序列，包括需要执行的任务编号及其执行顺序；②执行每条任务序列的牵引车编号。

此处采用第四章第三节第一部分中“作业准备距离”的概念，生成初始解的思想是：先为某一任务序列指派一台牵引车，随后将待执行任务逐一添加到该任务序列中，在任务添加过程中遵循作业准备距离最小的原则。若同时存在多个符合要求的任务，随机选择一项添加到当前任务序列末端。此处，M_2 中的干线任务在构筑完初始解之后再进行分解。具体步骤如下：

步骤 1：初始化计数器 $m=1$，初始化集合 $Current=\phi$，牵引车集合 *Vehicle*。

步骤 2：判断 M 是否为空，若是，输出 *Schedule* 即为最终的调度方案，否则，执行步骤 3。

步骤 3：在 *Schedule* 中设置一条新的任务序列，从 *Vehicle* 中随机选择一台牵引车指派给该任务序列，并将该牵引车从 *Vehicle* 中移除。

步骤 4：判断 m 的值是否为 1，若是，在 M 中找到其起点与该序列牵引车初始位置之间的任务准备距离最短的所有任务，置于 *Current* 中，并从中随机选择一项任务 i 作为该序列的第 m 项任务（若只有一项任务，则直接针对该任务进行操作，不需随机选择）。将任务 i 从集合 M 中移除，$m=m+1$，$Current=\emptyset$。若 $m\neq1$，执行步骤5。

步骤5：从 M 中找到所有满足其自身时间窗要求的任务，并将这些任务置于集合 $Current$ 中。若 $Current \neq \emptyset$，从中选择其起点与当前任务终点之间的任务准备距离最短的任务 i，将其置于当前序列末端，若同时存在多项任务满足要求，则随机选择一项进行操作。将任务 i 从集合 M 中移除，$m=m+1$，$Current=\emptyset$，返回步骤2；若 $Current=\emptyset$，令 $m=1$，返回步骤2。

（三）多邻域搜索策略

本书共设置4种邻域搜索策略，即序列内插入、序列间插入、序列间交换和牵引车交换。在满足时间窗约束的前提下，4种策略描述如下：

序列内插入：随机选中一条任务序列，在该任务序列内随机选择一项任务，将其从原来的位置移出，插入到序列内的另一个位置。

序列间插入：随机选中两条任务序列，在第一条任务序列内随机选择一项任务，在第二条任务序列内随机选择一个位置，将选中的任务从第一条序列中移出，插入到第二条序列选中的位置上。

序列间交换：随机选中两条任务序列，在每条任务序列内随机选择一项任务，交换二者的位置。

牵引车交换：随机选中两条任务序列，交换该序列的牵引车。

由于约束式（6-11）的存在，若选中的任务是干线任务分解得到的子任务，执行前3种邻域搜索策略都极易造成不可行解。此时，将前3种策略中的“任务”转变为“部分任务序列”，即该子任务所属的干线任务分解得到的所有子任务，以及这些子任务中间加入的其他任务。

前3种邻域搜索策略，加上所选任务分为子任务和非子任务，共有7种邻域，具体如图6-4、图6-5和图6-6所示。

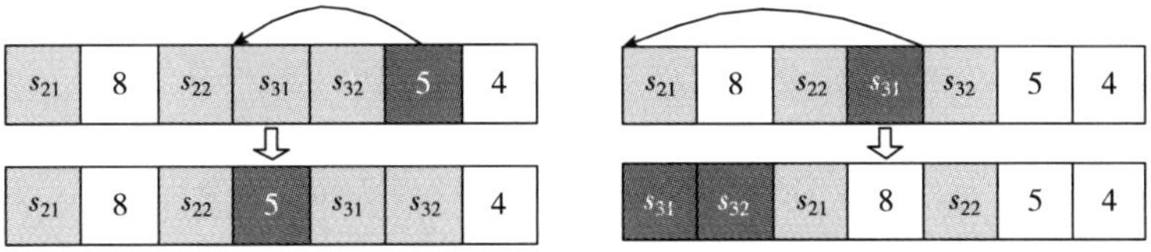

（a）任务的插入　　　　（b）部分任务序列的插入

图 6－4　序列内插入示意图

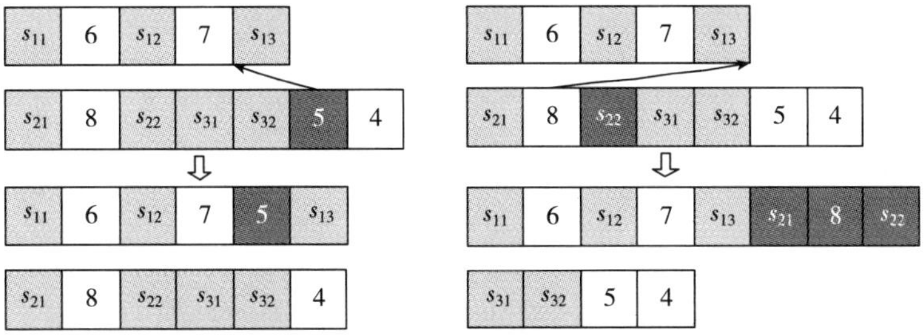

（a）任务的插入　　　　（b）部分任务序列的插入

图 6－5　序列间插入示意图

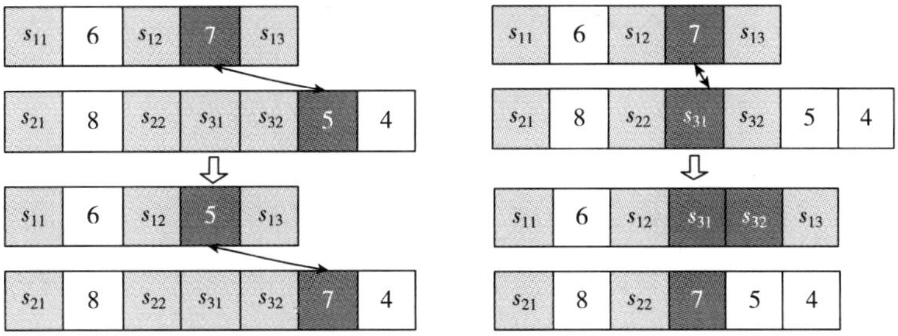

（a）“任务—任务”交换　　　　（b）“任务—部分任务序列”交换

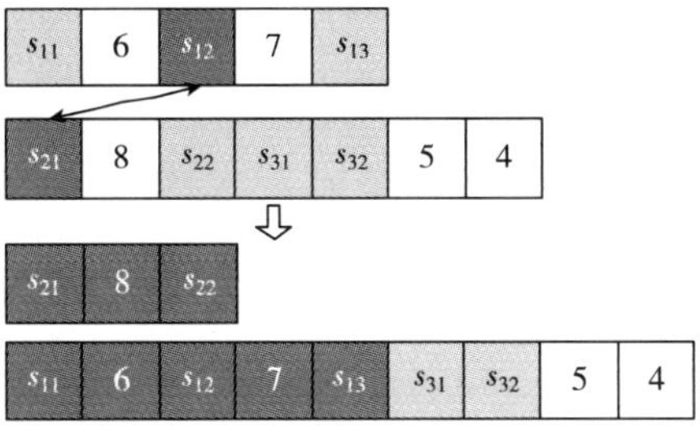

（c）“部分任务序列—部分任务序列”交换

图 6－6　序列间交换示意图

（四）后优化策略

在满足时间窗要求的前提下，检查是否存在可以合并的任务序列，如果有，进行合并，减少任务序列的数量。

四、算例分析

本章所有算例的挂车运输都是基于图 6－1 所示路网进行的，干线网络中任意两个一级节点之间的最短距离，以及两点之间的中途节点如表 6－2 所示，各支线网络中的任意两节点之间的最短距离如表6－3所示。

表 6－2　干线网络节点对之间的最短路网距离和中途节点

节点对	最短路网距离（公里）	途中节点	节点对	最短路网距离（公里）	途中节点	节点对	最短路网距离（公里）	途中节点
(0，1)	38	—	(1，2)	40	—	(2，4)	195	—
(0，2)	78	1	(1，3)	94	2	(2，5)	155	—
(0，3)	132	1，2	(1，4)	184	0	(3，4)	241	—
(0，4)	146	—	(1，5)	126	0	(3，5)	209	2
(0，5)	88	—	(2，3)	54	—	(4，5)	92	—

牵引车的行驶速度为 60 公里/小时，挂/摘半挂车的操作时间为 0.3 小时。牵引车的固定成本设为 200 元，可变成本设为 1.84 元/公里。干线任务的时间窗为［0，24］，支线任务的时间窗为［6，

18]。算法的初始温度为1000，终止温度为1，降温速率为0.8，链长为1000。前三种邻域出现的概率均为0.3，第四种邻域出现的概率为0.1。

表6-3 支线网络节点对的最短路网距离

节点对	最短路网距离（公里）	节点对	最短路网距离（公里）	节点对	最短路网距离（公里）
(0, 0_1)	33	(2, 2_3)	27	(4_1, 4_3)	70
(0, 0_2)	27	(2_1, 2_2)	31	(4_1, 4_4)	61
(0, 0_3)	36	(2_1, 2_3)	63	(4_1, 4_5)	34
(0, 0_4)	38	(2_2, 2_3)	36	(4_2, 4_3)	47
(0, 0_5)	25	(3, 3_1)	40	(4_2, 4_4)	56
(0_1, 0_2)	52	(3, 3_2)	31	(4_2, 4_5)	54
(0_1, 0_3)	69	(3, 3_3)	33	(4_3, 4_4)	43
(0_1, 0_4)	65	(3, 3_4)	22	(4_3, 4_5)	63
(0_1, 0_5)	34	(3_1, 3_2)	24	(4_4, 4_5)	27
(0_2, 0_3)	33	(3_1, 3_3)	65	(5, 5_1)	36
(0_2, 0_4)	65	(3_1, 3_4)	61	(5, 5_2)	38
(0_2, 0_5)	52	(3_2, 3_3)	42	(5, 5_3)	24
(0_3, 0_4)	40	(3_2, 3_4)	52	(5, 5_4)	29
(0_3, 0_5)	61	(3_3, 3_4)	43	(5_1, 5_2)	60
(0_4, 0_5)	31	(4, 4_1)	34	(5_1, 5_3)	60
(1, 1_1)	29	(4, 4_2)	27	(5_1, 5_4)	43
(1, 1_2)	27	(4, 4_3)	36	(5_2, 5_3)	42
(1_1, 1_2)	51	(4, 4_4)	29	(5_2, 5_4)	67
(2, 2_1)	36	(4, 4_5)	27	(5_3, 5_4)	36
(2, 2_2)	20	(4_1, 4_2)	33		

(一) 干/支线任务比例变化情形下的数值例实验

令干/支线任务的总数为60，改变干/支线任务的比例，对各算例求解20次，求解结果如表6－4所示。

表6－4　干/支线任务比例变化时的求解结果

数值例编号	干/支线任务比例（%）	总成本平均值（元）	总成本最优值（元）
60_ 10_ 90_ 1	10/90	21300	19792
60_ 20_ 80_ 2	20/80	21807	20668
60_ 30_ 70_ 3	30/70	20973	19418
60_ 40_ 60_ 4	40/60	25056	23986
60_ 50_ 50_ 5	50/50	26355	24547
60_ 60_ 40_ 6	60/40	21996	21230
60_ 70_ 30_ 7	70/30	24098	22508
60_ 80_ 20_ 8	80/20	21070	20094
60_ 90_ 10_ 9	90/10	24662	23283

通过分析求解结果可以看出，在任务总数不变的情形下，干/支线任务比例发生变化对总体调度成本的影响较小。这主要是因为干线任务覆盖的路网距离长，支线任务覆盖的路网距离短，在干线任务比例高时，虽然牵引车行驶的距离长，但牵引车挂/摘半挂车的次数少，时间利用率高，因而所使用的牵引车数量少，在此种情形下，调度方案整体的牵引车固定成本占比较低，可变成本占比较高；而在干线任务比例低时，虽然牵引车行驶的距离短，但支线任务的高比例使得牵引车挂/摘半挂车的次数增多，时间利用率低，因而所使用的牵引车数量多，在此种情形下，调度方案整体的牵引车固定成本占比较高，与可变成本的节约量相抵，因而总成本变化不大。

（二）任务总数变化情形下的数值例实验

将干/支线任务比例固定为50%/50%，进行任务总数变化的实验。任务总数分别为10、20、30、40、50、60、70、80、90、100共10种情形，每种情形下进行20次实验，结果如表6-5所示。

表6-5　任务总数变化时的求解结果

数值例编号	任务总数（次）	分解后的任务总数（次）	总成本平均值（元）	总成本最优值（元）
10_ 50_ 50_ 10	10	13	4260	4009
20_ 50_ 50_ 11	20	28	8170	7485
30_ 50_ 50_ 12	30	36	12473	11678
40_ 50_ 50_ 13	40	50	15048	14298
50_ 50_ 50_ 14	50	66	21138	18656
60_ 50_ 50_ 15	60	75	24552	23205
70_ 50_ 50_ 16	70	87	25221	24052
80_ 50_ 50_ 17	80	100	29522	28006
90_ 50_ 50_ 18	90	112	36284	32489
100_ 50_ 50_ 19	100	124	36129	33837

在干/支线任务比例一定的情况下，随着任务总数的增长，调度方案的总成本随之增长。在任务数量较少时，总体优化空间小，总成本增速较快；随着任务数量的增多，总体调度的优化空间增大，总成本的增速有放缓的趋势。

（三）三种运营模式的对比

1. 干/支线任务比例变化情形下三种运营模式的对比

为了验证本章所提出的“可中途甩挂、干/支线任务混合执行”模式的优势，针对本节第一部分中的9个算例，计算本章模式与另外两种甩挂运输模式——“不可中途甩挂、干/支线任务混合执行”“不可中途甩挂、干/支线任务分开执行”在总成本上的差异。为简化描述，分别将“可中途甩挂、干/支线任务混合执行”“不可中途甩挂、干/支线任务混合执行”“不可中途甩挂、干/支线任务分开执行”三种模式命名为模式一、模式二和模式三，求解结果及结果对比如表6－6、图6－7和图6－8所示。

表6－6　干/支线任务比例变化时三种模式下的求解结果对比

数值例编号	模式一		模式二				模式三			
	平均值[a1]	最优值[b1]	平均值[c1]	Gap1（%）	最优值[d1]	Gap2（%）	平均值[e1]	Gap3（%）	最优值[f1]	Gap4（%）
60_ 10_ 90_ 1	21300	19792	23445	10.1	21781	10.0	22280	4.6	20980	6.0
60_ 20_ 80_ 2	21807	20668	23979	10.0	22598	9.3	23115	6.0	22481	8.8
60_ 30_ 70_ 3	20973	19418	22819	8.8	21109	8.7	22357	6.6	20680	6.5
60_ 40_ 60_ 4	25056	23986	27146	8.3	25946	8.2	27574	10.0	26382	10.0
60_ 50_ 50_ 5	26355	24547	28403	7.8	26422	7.6	29736	12.8	27264	11.1
60_ 60_ 40_ 6	21996	21230	23639	7.5	22761	7.2	24444	11.1	24088	13.5
60_ 70_ 30_ 7	24098	22508	25549	6.0	23710	5.3	27411	13.7	25769	14.5
60_ 80_ 20_ 8	21070	20094	22048	4.6	20960	4.3	24346	15.5	23383	16.4
60_ 90_ 10_ 9	24662	23283	25414	3.0	23721	1.9	28268	14.6	26876	15.4

注：Gap1 =（c1 － a1）/a1；Gap2 =（d1 － b1）/b1；Gap3 =（e1 － a1）/a1；Gap4 =（f1 － b1）/b1.

整体而言，当干/支线任务比例发生变化时，模式一的优化效果最佳，其次是模式二，相较于模式一总成本至多约高出10%。而且，支线任务越多，模式二的总成本越逼近模式一，这是因为在干/支线任务混送的情形下，当前后两项干线任务之间的作业准备距离较大时，在满足时间窗要求的前提下，合适的支线任务可以插入到两项干线任务之间，大大降低牵引车空驶的距离，而支线任务越多，这种优化的空间就越大。

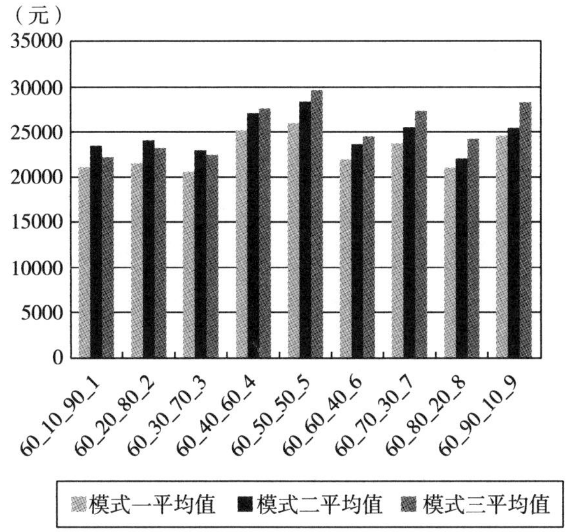

图 6－7　干/支线任务比例变化时三种模式的平均值对比

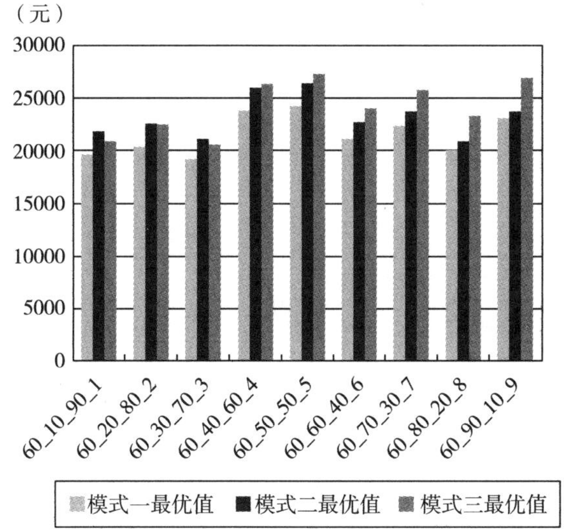

图 6－8　干/支线任务比例变化时三种模式的最优值对比

模式三的优化效果最差，最高的总成本相较于模式一高出约15%。从整体上看，随着支线任务数量的占比增大，模式三的调度总成本先随之升高，而后增长的速度放缓甚至出现了波动。这是因为该模式下干/支线任务不可混合执行，干线任务的作业方案无法因支线任务数量的变化得到优化，总成本的变化完全取决于支线任务作业方案的优化。支线任务数量的增多可以带来任务多样性的丰富，但增长初期，在调度方案中牵引车在两项任务之间空驶的比例依然较高，当支线任务数量占到60%后继续增加，任务多样性使得牵引车在两项任务之间空驶的情况减少，总成本得以稳定。

2. 任务总数变化情形下三种运营模式的对比

分别求解本节第二部分中的10个算例下三种模式的总成本，将结果记录至表6－7中，结果的直观对比如图6－9和图6－10所示。

表6－7　任务总数变化时三种模式下的求解结果对比

数值例编号	模式一		模式二				模式三			
	平均值[a2]	最优值[b2]	平均值[c2]	Gap5（%）	最优值[d2]	Gap6（%）	平均值[e2]	Gap7（%）	最优值[f2]	Gap8（%）
10_ 50_ 50_ 10	4260	4009	4758	11.7	4434	10.6	5053	18.6	4658	16.2
20_ 50_ 50_ 11	8170	7485	9032	10.6	8273	10.5	9345	14.4	8854	18.3
30_ 50_ 50_ 12	12473	11678	13786	10.5	12877	10.3	14615	17.2	13504	15.6
40_ 50_ 50_ 13	15048	14298	16411	9.1	15579	9.0	16894	12.3	16280	13.9
50_ 50_ 50_ 14	21138	18656	22662	7.2	19954	7.0	23520	11.3	20938	12.2
60_ 50_ 50_ 15	24552	23205	26145	6.5	24611	6.1	27201	10.8	25625	10.4
70_ 50_ 50_ 16	25221	24052	26414	4.7	25149	4.6	27678	9.7	26272	9.2
80_ 50_ 50_ 17	29522	28006	30821	4.4	29146	4.1	32241	9.2	30479	8.8
90_ 50_ 50_ 18	36284	32489	37398	3.1	33629	3.5	39346	8.4	34896	7.4
100_ 50_ 50_ 19	36129	33837	37715	4.4	34971	3.4	38311	6.0	35823	5.9

注：Gap5 =（c2 － a2）/a2；Gap6 =（d2 － b2）/b2；Gap7 =（e2 － a2）/a2；Gap8 =（f2 － b2）/b2.

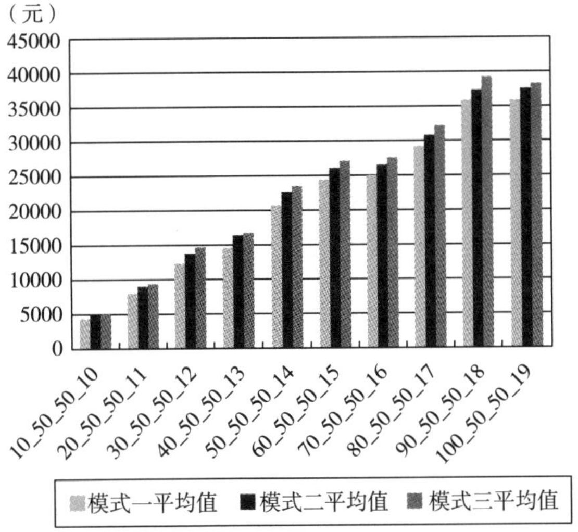

图6-9　任务总数变化时三种模式的平均值对比

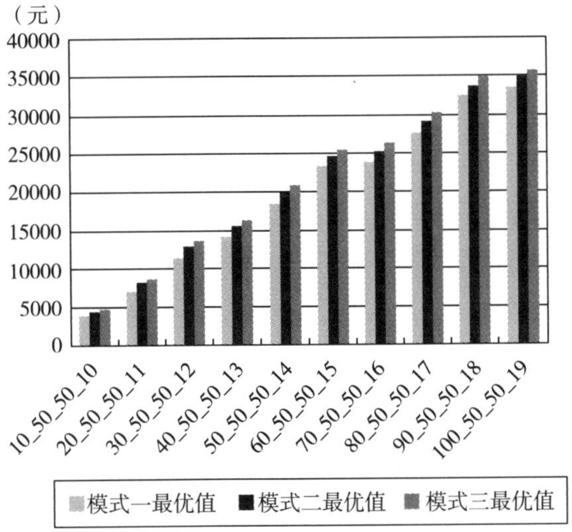

图6-10　任务总数变化时三种模式的最优值对比

整体而言，当任务总数发生变化时，依然是模式一的优化效果最佳，模式二次之，模式三最差。在干/支线任务比重不变的情形下，任务总数增多，总体上三种模式的总成本都随之增加，但增速逐渐放缓，而且模式二、模式三与模式一的差距也逐渐减小。这是因为随着任务数量的增加，使用的牵引车数量增多，完成任务行驶的有效距离也增加，总成本中的固定成本和可变成本都随之增长。但同时，任务多样性也随之增加，牵引车空驶距离下降，相比于任务数量少的算例，从可变成本方面起到了降低总成本的积极作用，因而总成本增速放缓。

综上所述，模式一“可中途甩挂”的特点，使得距离较长的干线任务可以分解为子任务被离散执行；“干/支线任务混合执行”的特点，使得任务在排列组合形成任务序列时具有更大的灵活性。无论干/支线任务的比例发生变化，还是任务总数发生变化，模式一的优势始终十分明显。因此，这对运输企业的指导意义在于：无论业务量处于何种规模、干/支线任务的相对比例如何，采用模式一进行甩挂运输都是最好的选择。但若受到现实因素的制约无法采用模式一，当支线任务数量占比较小时可适当采用模式二，而当支线任务数量占比较大时可适当采用模式三。

五、本章小结

本章针对干/支线两级甩挂运输网络，在干线任务执行过程中可以中途甩挂临时执行其他任务的模式下，建立牵引车调度优化模型，开发模拟退火算法进行求解。算例分析了“任务总数不变，干/支线任务比例发生变化”、“任务总数变化，干/支线任务比例不变”两大类情境下的总成本变化规律，并在这两大类情境下对比了本章模式与“中途不可甩挂，干/支线任务混合执行”“中途不可甩挂，干/支线任务分开执行”两种模式的成本差异。本章所提出的新模式与国外甩挂运输模式类似，研究的方法和结论可为甩挂运输模式的创新提供决策支持。

第七章

结论与展望

一、结论

本书根据甩挂运输的现实运营特点和现有研究的不足，提出四种甩挂运输模式，分别是滚装甩挂运输模式、空挂任务不确定模式、多车型交叉甩挂模式和中途甩挂模式，为每种模式下的牵引车调度优化构建了数学模型，开发了相应的求解算法，通过算例求解和结果分析证明了模型和算法的有效性，并剖析了结果分布规律。具体如下：

第一，为提高牵引车的运作效率，降低系统运营成本，建立了滚装甩挂模式下的码头内部牵引车调度的混合整数规划模型，推导了目标函数的下界值。同时，开发模拟退火算法，求解滚装船在港时间无交叉和有交叉两大类算例。结果显示，模拟退火算法所得方案可大幅度降低现有调度规则下的运营成本，同时与下界值的差距较小，证明了模型和算法的有效性。而且，当滚装船在港时间无交叉时算法的优化效果更好。

第二，在空挂任务不确定模式下，建立了甩挂运输调度优化模型，设计两阶段启发式算法进行求解。第一阶段决策空挂调运方案，分别按照空挂调运距离最小和重挂任务 OD 点总顺差最低两种策略进行。第二阶段结合任务节点顺差和贪婪思想，确定所有任务的执行序列。采用三个算例分析和证明算法的性能。算例一基于实例对比分析两种策略的精度和稳定性；算例二改变重挂任务不平衡度和空挂比例，进一步分析两种策略的表现；算例三改变模拟退火算法的参数设置，将其求解结果与本书结果进行对比，最终显示本书算法的效率与精度均更优。总体而言，策略二在求解空挂任务不确定模式下的甩挂运输调度问题方面有着明显的优势。

第三，为分析多车型交叉甩挂模式的优势和客户点分布规律的影响，本书在轴辐式甩挂与网络型甩挂这两种甩挂作业结构相结合的运网中，建立了多车型交叉甩挂的牵引车调度模型。针对该模型的特点设计了混合模拟退火算法进行求解，并将其与其他三种牵引车—挂车匹配策略进行对比，验证了模型和算法的有效性，同时体现了多车型交叉甩挂在成本节约方面较之于其他三种头挂匹配策略的优势。运用四种策略求解改进的 Solomon 经典算例，分析了客户点分布对目标函数的影响，可为甩挂运输车辆调度提供决策支持。

第四，将 TTRP 问题中的中途甩挂模式引入 TSRP 问题中，结合干/支线两级甩挂运输网络和干/支线任务的操作实际，形成牵引车在干线任务执行途中可中途甩挂，临时执行其他任务，然后返回一级节点继续执行干线任务的新模式。针对新模式建立数学模型开发模拟退火算法进行求解，并在算例中分析干/支线任务比例，任务数量对结果的影响。同时对比了“可中途甩挂，干/支线任务混合执行”“不可中途甩挂，干/支线任务混合执行”和“不可中途甩挂，干/支线任务分开执行”三种模式的优劣，为推动甩挂运输新模式的产生进行了量化研究。

适应甩挂运输发展的实际需求，针对行业发展情况进行多甩挂运输模式下的牵引车调度优化研究，能够更好地促进甩挂运输在我国的发展。本书的研究成果可应用于所有的滚装码头和大多数公路甩挂运输企业。在此指导下，相应的管理人员可以更加高效率、低成本地进行牵引车的运营调度。

二、展望

未来在甩挂运输方面的研究将从以下几方面进行：

第一，在第六章的基础上继续深入研究，基于 Li 等（2015）的算例进一步探讨无时间窗约束时，牵引车中途最大甩挂次数变化、一级节点处可容纳的挂车数量不同对结果的影响，以及同一台被中途甩下的挂车由不同牵引车拖带在作业复杂性增加和运营成本节约方面的权衡。

第二，挂车的库存能力不容忽视，尤其是对于小散货物而言。在土地资源的高使用成本下，可将客户节点存储能力与挂车的库存能力以及装卸货效率协同考虑，在倾向于挂车的运输能力、高周转率还是挂车的存储能力、低周转率之间，从设备购置成本、系统运营成本等方面进行权衡，动态地在系统中对牵引车和挂车进行调度。

第三，当下共享理念越来越普及，挂车共享也已经在业界出现。由于货流的不均衡，挂车的回收管理成为挂车租赁企业面临的一大成本消耗点，采取何种策略（如差异化定价策略等）引导挂车的均衡流动，与挂车租赁企业自行拖带挂车进行回收管理之间进行权衡优化。

参考文献

[1] Alshraideh H, Abu Qdais H. Stochastic modeling and optimization of medical waste collection in Northern Jordan [J]. Journal of Material Cycles and Waste Management, 2017, 19 (2): 743-753.

[2] Archetti C, Bianchessi N, Speranza M G. Branch-and-cut algorithms for the split delivery vehicle routing problem [J]. European Journal of Operational Research, 2014, 238 (3): 685-698.

[3] Baldacci R, Bodin L, Mingozzi A. The multiple disposal facilities and multiple inventory locations rollon-rolloff vehicle routing problem [J]. Computers & Operations Research, 2006, 33 (9): 2667-2702.

[4] Benjamin A M, Beasley J E. Metaheuristics for the waste collection vehicle routing problem with time windows, driver rest period and multiple disposal facilities [J]. Computers & Operations Research, 2010, 37 (12): 2270-2280.

[5] Berbotto L, Garcia S, Nogales F J. A Randomized Granular Tabu Search heuristic for the split delivery vehicle routing problem [J]. Annals of Operations Research, 2014, 222 (1): 153-173.

[6] Berghman L, Leus R. Practical solutions for a dock assignment problem with trailer transportation [J]. European Journal of Operational

Research, 2015, 246 (3): 787 - 799.

[7] Bodin L, Mingozzi A, Baldacci R, et al. The rollon - rolloff vehicle routing problem [J]. Transportation Science, 2000, 34 (3): 271 - 288.

[8] Bortfeldt A. A hybrid algorithm for the capacitated vehicle routing problem with three - dimensional loading constraints [J]. Computers & Operations Research, 2012, 39 (9): 2248 - 2257.

[9] Caramia M, Guerriero F. A heuristic approach for the truck and trailer routing problem [J]. Journal of the Operational Research Society, 2010, 61 (7): 1168 - 1180.

[10] Caramia M, Guerriero F. A Milk Collection Problem with Incompatibility Constraints [J]. Interfaces, 2010, 40 (2): 130 - 143.

[11] Chao I M. A tabu search method for the truck and trailer routing problem [J]. Computers & Operations Research, 2002, 29 (1): 33 - 51.

[12] Cheng Y, Liang B, Zhou M. Optimization for vehicle scheduling in iron and steel works based on semi - trailer swap transport [J]. Journal of Central South University of Technology, 2010, 17 (4): 873 - 879.

[13] Dantzig G, Ramser J. The truck dispatching problem. Management Science, 1959, 6 (1): 80 - 91.

[14] De Meulemeester L, Laporte G, Louveaux F V, et al. Optimal sequencing of skip collections and deliveries [J]. Journal of the Operational Research Society, 1997, 48 (1): 57 - 64.

[15] Derigs U, Pullmann M, Vogel U. A short note on applying a simple LS/LNS - based metaheuristic to the rollon - rolloff vehicle routing problem [J]. Computers & Operations Research, 2013, 40 (3):

867 - 872.

[16] Derigs U, Pullmann M, Vogel U. Truck and trailer routing - problems, heuristics and computational experience [J]. Computers & Operations Research, 2013, 40 (2): 536 - 546.

[17] Drexl M. A branch - and - price algorithm for the truck - and - trailer routing problem [R]. 2007.

[18] Drexl M. Applications of the vehicle routing problem with trailers and transshipments [J]. European Journal of Operational Research, 2013, 227 (2): 275 - 283.

[19] Drexl M. Branch - and - cut algorithms for the vehicle routing problem with trailers and transshipments [J]. Networks, 2014, 63 (1): 119 - 133.

[20] Drexl M. Branch - and - price and heuristic column generation for the generalized truck - and - trailer routing problem [J]. Journal of Quantitative Methods for Economics and Business Administration, 2011, 12 (1): 5 - 38.

[21] Drexl M. On some generalized routing problems [D]. North Rhine - Westphalia: RWTH Aachen University, 2007.

[22] Erdogan S, Miller - Hooks E. A green vehicle routing problem. Transportation Research Part E - Logistics and Transportation Review, 2012, 48 (1SI): 100 - 114.

[23] Escobar J W, Linfati R, Toth P. A two - phase hybrid heuristic algorithm for the capacitated location - routing problem [J]. Computers & Operations Research, 2013, 40 (1): 70 - 79.

[24] Francis P, Zhang G, Smilowitz K. Improved modeling and solution methods for the multi - resource routing problem [J]. European Journal of Operational Research, 2007, 180 (3): 1045 - 1059.

[25] Gerdessen J C. Vehicle routing problem with trailers [J]. European Journal of Operational Research, 1996, 93 (1): 135 - 147.

[26] Hall R W, Sabnani V C. Control of vehicle dispatching on a cyclic route serving trucking terminals [J]. Transportation Researh Part A - Policy and Practice, 2002, 36 (3): 257 - 276.

[27] Hauge K, Larsen J, Lusby R M, et al. A hybrid column generation approach for an industrial waste collection routing problem [J]. Computers & Industrial Engineering, 2014, 71: 10 - 20.

[28] Hoff A, Lϕkketangen A. A tabu search approach for milk collection in western Norway using trucks and trailers [J]. Proceedings of the Sixth Triennial Symposium Transportation Anal, TRISTAN VI, Phuket Island, 2007.

[29] Hu Z, Wei C, Tao S. Truck - and - trailer distribution based on a hybrid evolutionary algorithm [J]. Journal of Highway and Transportation Research and Development, 2014, 8 (2): 105 - 110.

[30] Jabali O, Van Woensel T, de Kok A G. Analysis of Travel Times and CO_2 Emissions in Time - Dependent Vehicle Routing [J]. Production and Operations Management, 2012, 21 (6): 1060 - 1074.

[31] Kassem S, Chen M. Solving reverse logistics vehicle routing problems with time windows [J]. International Journal of Advanced Manufacturing Technology, 2013, 68 (1 - 4): 57 - 68.

[32] Li H, Chang X, Zhao W, et al. The vehicle flow formulation and savings - based algorithm for the rollon - rolloff vehicle routing problem [J]. European Journal of Operational Research, 2017, 257 (3): 859 - 869.

[33] Li H, Li Y, Lu Y, et al. The effects of the tractor and semitrailer routing problem on mitigation of carbon dioxide emissions [J].

Discrete Dynamics in Nature and Society, 2013, 2013 (12): 1 - 14.

[34] Li H, Li Y, Zhao Q, et al. The tractor and semitrailer routing considering carbon dioxide emissions [J]. Mathematical Problems in Engineering, 2013, 2013 (12 - 13): 1 - 12.

[35] Li H, Lu Y, Zhang J, et al. Solving the tractor and semi - trailer routing problem based on a heuristic approach [J]. Mathematical Problems in Engineering, 2012, 2012 (6): 2301 - 2314.

[36] Li H, Lv T, Li Y. The tractor and semitrailer routing problem with many - to - many demand considering carbon dioxide emissions [J]. Transportation Research Part D - Transport and Environment, 2015. 34: 68 - 82.

[37] Li H, Lv T, Lu Y. The combination truck routing problem: a survey [C]. 6th International Conference on Green Intelligent Transportation System and Safety (GITSS), Beijing, China, 2016.

[38] Lin S, Yu V F, Chou S. A note on the truck and trailer routing problem [J]. Expert Systems with Applications, 2010, 37 (1): 899 - 903.

[39] Lin S, Yu V F, Chou S. Solving the truck and trailer routing problem based on a simulated annealing heuristic [J]. Computers & Operations Research, 2009. 36 (5SI): 1683 - 1692.

[40] Lin S, Yu V F, Lu C. A simulated annealing heuristic for the truck and trailer routing problem with time windows [J]. Expert Systems with Applications, 2011, 38 (12): 15244 - 15252.

[41] BelenguerJ M, Benavent E, Martinez A, et al. A branch - and - cut algorithm for the single truck and trailer routing problem with satellite depots [J]. Transportation Science, 2016, 50 (2SI): 735 - 749.

[42] Mirmohammadsadeghi S, Ahmed S. Memetic heuristic approach for dolving truck and trailer routing problems with stochastic demands and time windows [J]. Networks & Spatial Economics, 2015, 15 (4): 1093-1115.

[43] Mirmohammadsadeghi S, Ahmed S. Metaheuristic approaches for solving truck and trailer routing problems with stochastic demands: a case study in dairy industry [J]. Mathematical Problems in Engineering, 2015 (494019).

[44] Pradenas L, Oportus B, Parada V. Mitigation of greenhouse gas emissions in vehicle routing problems with backhauling [J]. Expert Systems with Applications, 2013, 40 (8): 2985-2991.

[45] Regnier-Coudert O, McCall J, Ayodele M, et al. Truck and trailer scheduling in a real world, dynamic and heterogeneous context [J]. Transportation Research Part E-Logistics and Transportation Review, 2016, 93: 389-408.

[46] Scheuerer S. A tabu search heuristic for the truck and trailer routing problem [J]. Computers & Operations Research, 2006, 33 (4): 894-909.

[47] Semet F. A two-phase algorithm for the partial accessibility constrained vehicle routing problem [J]. Annals of Operations Research, 1995, 61 (1): 45-65.

[48] Semet F, Taillard E. Solving real-life vehicle routing problems efficiently using tabu search [J]. Annals of Operations Research, 1993, 41 (4): 469-488.

[49] Tang L, Li K. An inherited tabu search algorithm for the truck and trailer vehicle scheduling problem in iron and steel industry [J]. Isij International, 2009, 49 (1): 51-57.

[50] Tan K C, Chew Y H, Lee L H. A hybrid multi - objective evolutionary algorithm for solving truck and trailer vehicle routing problems [J]. European Journal of Operational Research, 2006, 172 (3): 855 - 885.

[51] Torres I, Rosete A, Cruz C, et al. Fuzzy constraints in the truck and trailer routing problem [C]. 4th International Workshop on Knowledge Discovery, Knowledge Management and Decision Support (Eureka), Mazatlan, MEXICO, 2013.

[52] Torres I, Rosete A, Cruz C, et al. Truck and trailer routing problem under fuzzy environment [C]. 16th World Congress of the International - Fuzzy - Systems - Association (IFSA) / 9th Conference of the European - Society - for - Fuzzy - Logic - and - Technology (EUSFLAT), Gijon, SPAIN, 2015.

[53] Villegas J G, Prins C, Prodhon C, et al. A GRASP with evolutionary path relinking for the truck and trailer routing problem [J]. Computers & Operations Research, 2011, 38 (9): 1319 - 1334.

[54] Villegas J G, Prins C, Prodhon C, et al. A matheuristic for the truck and trailer routing problem [J]. European Journal of Operational Research, 2013, 230 (2): 231 - 244.

[55] Wang C, Mu D, Zhao F, et al. A parallel simulated annealing method for the vehicle routing problem with simultaneous pickup - delivery and time windows [J]. Computers & Industrial Engineering, 2015, 83: 111 - 122.

[56] Wang C, Zhou S, Gao Y, et al. A self - adaptive bat algorithm for the truck and trailer routing problem [J]. Engineering Computations, 2018, 35 (1): 108 - 135.

[57] Wy J, Kim B. A hybrid metaheuristic approach for the rollon -

rolloff vehicle routing problem [J]. Computers & Operations Research, 2013, 40 (8): 1947-1952.

[58] Wy J, Kim B, Kim S. The rollon-rolloff waste collection vehicle routing problem with time windows [J]. European Journal of Operational Research, 2013, 224 (3): 466-476.

[59] Xiao Y, Zhao Q, Kaku I, et al. Development of a fuel consumption optimization model for the capacitated vehicle routing problem [J]. Computers & Operations Research, 2012, 39 (7): 1419-1431.

[60] Xue Z, Lin W, Miao L, et al. Local container drayage problem with tractor and trailer operating in separable mode [J]. Flexible Services and Manufacturing Journal, 2015, 27 (2-3): 431-450.

[61] Xue Z, Zhang C, Lin W, et al. A tabu search heuristic for the local container drayage problem under a new operation mode [J]. Transportation Research Part E-Logistics and Transportation Review, 2014, 62 (1): 136-150.

[62] Xue Z, Zhang C, Yang P, et al. A combinatorial benders' cuts algorithm for the local container drayage problem [J]. Mathematical Problems in Engineering, 2015, 2015 (7): 1-7.

[63] Yu V F, Redi A A N P, Hidayat Y A, et al. A simulated annealing heuristic for the hybrid vehicle routing problem [J]. Applied Soft Computing, 2017, 53: 119-132.

[64] Zhang J, Lam W H K, Chen B Y. A Stochastic Vehicle Routing Problem with Travel Time Uncertainty: Trade-Off Between Cost and Customer Service [J]. Networks & Spatial Economics, 2013, 13 (4): 471-496.

[65] Zhang R, Lu J, Wang D. Container drayage problem with

flexible orders and its near real – time solution strategies [J]. Transportation Research Part E – Logistics and Transportation Review, 2014, 61: 235 – 251.

[66] Zhang S, Lee C K M, Choy K L, et al. Design and development of a hybrid artificial bee colony algorithm for the environmental vehicle routing problem [J]. Transportation Research Part D – Transport and Environment, 2014, 31: 85 – 99.

[67] 蔡婉君，王晨宇，于滨，等．改进蚁群算法优化周期性车辆路径问题 [J]．运筹与管理，2014，23 (5)：70 – 77.

[68] 陈玥．我国发展驮背运输的思考 [J]．铁道货运，2017，35 (5)：16 – 19，40.

[69] 陈玉光，陈志祥．基于准时送货和最小耗油的配送车辆路径问题研究 [J]．中国管理科学，2015，23 (S1)：156 – 164.

[70] 范宁宁．烟大滚装甩挂运输牵引车调度优化研究 [D]．大连：大连海事大学，2012.

[71] 付新平，万鸿鹄．道路甩挂运输联盟的风险评价与防范研究 [J]．武汉理工大学学报（交通科学与工程版），2015，39 (3)：469 – 473.

[72] 符卓，刘文，邱萌．带软时间窗的需求依订单拆分车辆路径问题及其禁忌搜索算法 [J]．中国管理科学，2017，25 (5)：78 – 86.

[73] 耿蕤，张世华．甩挂运输最佳挂车配置数量计算方法 [J]．公路交通科技，2013，30 (6)：127 – 130.

[74] 葛显龙，许茂增，王伟鑫．多车型车辆路径问题的量子遗传算法研究 [J]．中国管理科学，2013，21 (1)：125 – 133.

[75] 顾宇民．关于开展水陆甩挂运输的思考 [J]．中国航海，2015，38 (4)：125 – 128.

［76］韩东．我国铁路开展驮背运输计费方式的探讨［J］．铁道货运，2016，34（2）：11－14.

［77］何小锋，马良．带时间窗车辆路径问题的量子蚁群算法［J］．系统工程理论与实践，2013，33（5）：1255－1261.

［78］胡志华，曹杨，王云霞．集装箱集散的空重箱循环甩挂调度方法［J］．武汉理工大学学报，2012，34（10）：68－73.

［79］胡志华．集装箱码头间互拖的集卡甩挂运输调度问题［J］．重庆交通大学学报（自然科学版），2013，32（2）：313－317.

［80］胡志华，陶莎．基于混合进化算法的甩挂配送问题［J］．公路交通科技，2013，30（5）：147－152.

［81］李臣，何银川，周炜，等．欧美驮背运输发展及对我国的启示［J］．综合运输，2017，39（11）：80－83，95.

［82］李锋，魏莹．求解随机旅行时间的C－VRP问题的混合遗传算法［J］．系统管理学报，2014，23（6）：819－825.

［83］李红启，常馨玉，高洪涛．环渤海湾货滚甩挂运输模式及其推广策略［J］．综合运输，2014（11）：73－79.

［84］李红启，常馨玉，朱晓宁，等．城际干线甩挂运输的公路牵引车调度问题及其求解［J］．公路交通科技，2016，33（2）：151－158.

［85］李红启，李嫣然，常馨玉．基于系统动力学模型的公路甩挂运输碳减排效果分析［J］．系统管理学报，2016，25（3）：514－519，526.

［86］李红启，李嫣然．物流企业开展甩挂运输的绩效评价研究［J］．北京交通大学学报（社会科学版），2014，13（1）：15－22，30.

［87］李红启，卢越，朱晓宁．城际干线甩挂运输牵引车调度

问题的模拟退火算法研究［J］．交通运输工程与信息学报，2015，13（4）：77－84，95.

［88］李红启，吕潭．多场站城际干线甩挂牵引车调度问题及求解［J］．武汉理工大学学报（交通科学与工程版），2015，39（4）：698－701.

［89］李红启，吕潭．汽车列车调度问题研究综述［J］．大连海事大学学报（社会科学版），2015，14（6）：1－10.

［90］李进，傅培华，李修琳，等．低碳环境下的车辆路径问题及禁忌搜索算法研究［J］．中国管理科学，2015，23（10）：98－106.

［91］李进，傅培华．具有固定车辆数的多车型低碳路径问题及算法［J］．计算机集成制造系统，2013，19（6）：1351－1362.

［92］刘家利，马祖军．存在车辆租赁及共享且有时间窗的多配送中心开环 VRP［J］．系统工程理论与实践，2013，33（3）：666－675.

［93］刘旺盛，杨帆，李茂青，等．需求可拆分车辆路径问题的聚类求解算法［J］．控制与决策，2012，27（4）：535－541.

［94］刘欣萌，何世伟，陈胜波，等．带时间窗 VRP 问题的多智能体进化算法［J］．交通运输工程学报，2014，14（3）：105－110.

［95］卢小芳．我国铁路开展驮背式运输的经济可行性及运输组织研究［D］．北京：北京交通大学，2015.

［96］马华伟，叶浩然，夏维．允许分割配送的多时间窗车辆调度问题的改进蚁群算法求解［J］．中国管理科学，2012，20（S1）：43－47.

［97］孟祥虎，胡蓉，钱斌．求解带时间窗车辆路径问题的有效混合 PBIL 算法［J］．系统工程理论与实践，2014，34（10）：2701－2709.

[98] 潘立军，符卓．求解带时间窗车辆路径问题的插入检测法［J］．系统工程理论与实践，2012，32（2）：319－322.

[99] 潘立军，符卓．求解带时间窗取送货问题的遗传算法［J］．系统工程理论与实践，2012，32（1）：120－126.

[100] 饶卫振，金淳，王新华，等．考虑道路坡度因素的低碳VRP问题模型与求解策略［J］．系统工程理论与实践，2014，34（8）：2092－2105.

[101] 邵举平，曹倩，沈敏燕，等．生鲜农产品配送中带时间窗的VRP模型与算法［J］．工业工程与管理，2015，20（1）：122－127，134.

[102] 孙国华．带时间窗的开放式满载车辆路径问题建模及其求解算法［J］．系统工程理论与实践，2012，32（8）：1801－1807.

[103] 孙倩雯．陆海滚装甩挂运输运作模式优化［D］．大连：大连海事大学，2017.

[104] 吴必龙．现有条件下我国铁路开展驮背式运输的技术条件研究［D］．北京：北京交通大学，2015.

[105] 吴丽荣，胡祥培，饶卫振．考虑燃料消耗率的车辆路径问题模型与求解［J］．系统工程学报，2013，28（6）：804－811.

[106] 吴天羿，刘建永，许继恒，等．基于混合NSGA－Ⅱ的有硬时间窗的多目标车辆路径问题［J］．交通运输系统工程与信息，2014，14（2）：176－183.

[107] 薛亮，马健霄，余伟．甩挂运输具体应用分析［J］．交通运输系统工程与信息，2011，11（5）：200－205.

[108] 徐云，刘向彬，陈晓欣，等．固定时间窗快递车辆路径问题建模及求解［J］．系统工程，2016，34（7）：97－103.

[109] 杨光敏，曹馨湖，杨珍花，等．集装箱甩挂运输车辆调

度优化模型的三阶段启发式算法［J］．上海海事大学学报，2016，37（1）：42－48.

［110］杨光敏，罗志勇，杨珍花，等．轴辐式网络结构下的集装箱甩挂运输调度优化［J］．大连海事大学学报，2016，42（3）：63－69.

［111］杨珍花，徐奇，陈宗兴，等．混合模式下的多车型交叉甩挂调度优化［J］．交通运输系统工程与信息，2015，15（6）：140－146，153.

［112］杨珍花，杨光敏，徐奇，等．空挂任务不确定情形下的甩挂运输调度优化［J］．交通运输工程学报，2016，16（5）：103－111.

［113］余莉，林桦，陈伯如．网络型甩挂运输模式下的车辆调度问题［J］．交通运输工程与信息学报，2014，12（2）：58－64.

［114］张国平，魏然，苗建瑞．驮背运输在公铁联运中应用的可行性［J］．综合运输，2009（5）：69－71.

［115］张如云，刘清．考虑低碳的城市配送车辆路径优化模型研究［J］．工业工程与管理，2015，20（4）：29－34.

［116］张玉召．基于货主需求的铁路快捷货物运输组织优化研究［D］．成都：西南交通大学，2014.

［117］赵鲁华，曹庆贵，李玉善，等．道路甩挂运输作业过程风险分析［J］．山东科技大学学报（自然科学版），2013，32（6）：95－100.

［118］钟慧玲，吴聪，张冠湘，等．内河港口甩挂运输组织中场站选址问题研究［J］．交通运输系统工程与信息，2013，13（3）：126－131，137.